Savio Chalita

350 DICAS DE ÉTICA PROFISSIONAL
PARA O EXAME DE ORDEM

CONTÉM
- ✓ Dicas divididas por capítulos
- ✓ Edital sistematizado
- ✓ Esquemas
- ✓ Atualizado 45/2016, 13.247/2016

2016 © Wander Garcia

Autor: Savio Chalita
Editor: Márcio Dompieri
Gerente Editorial: Paula Tseng
Equipe Editora Foco: Georgia Renata Dias e Ivo Shigueru Tomita
Capa: R2 Editorial
Projeto Gráfico e Diagramação: Ladislau Lima
Impressão miolo e capa: Gráfica IMPRESSUL

Dados Internacionais de Catalogação na Publicação (CIP)
(Câmara Brasileira do Livro, SP, Brasil)

Chalita, Savio

350 dicas de ética profissional para exame da ordem / Savio Chalita. – 1. ed. – Indaiatuba, SP : Editora Foco Jurídico, 2016. – (Coleção dicas)

ISBN 978-85-8242-163-5

1. Advocacia – Leis e legislação 2. Advogados – Ética profissional 3. Advogados – Ética profissional – Brasil 4. Ordem dos Advogados do Brasil 5. Ordem dos Advogados do Brasil - Exames, questão etc. I. Título. II. Série.

16-04295   CDU-347.965.8(81)(079.1)

Índices para Catálogo Sistemático:

1. Estatuto da Advocacia : Exame de Ordem : Ordem dos Advogados do Brasil : Direito 347.965.8(81)(079.1)

2. Advogados : Ética profissional : Ordem dos Advogados do Brasil : Exames de Ordem : Direito 347.965.8(81)(079.1)

DIREITOS AUTORAIS: É proibida a reprodução parcial ou total desta publicação, por qualquer forma ou meio, sem a prévia autorização da Editora Foco, com exceção da legislação que, por se tratar de texto oficial, não são protegidas como Direitos Autorais, na forma do Artigo 8º, IV, da Lei 9.610/1998. Referida vedação se estende às características gráficas da obra e sua editoração. A punição para a violação dos Direitos Autorais é crime previsto no Artigo 184 do Código Penal e as sanções civis às violações dos Direitos Autorais estão previstas nos Artigos 101 a 110 da Lei 9.610/1998.

Atualizações e erratas: a presente obra é vendida como está, sem garantia de atualização futura. Porém, atualizações voluntárias e erratas são disponibilizadas no site www.editorafoco.com.br, na seção *Atualizações*. Esforçamo-nos ao máximo para entregar ao leitor uma obra com a melhor qualidade possível e sem erros técnicos ou de conteúdo. No entanto, nem sempre isso ocorre, seja por motivo de alteração de *software*, interpretação ou falhas de diagramação e revisão. Sendo assim, disponibilizamos em nosso site a seção mencionada (*Atualizações*), na qual relataremos, com a devida correção, os erros encontrados na obra. Solicitamos, outrossim, que o leitor faça a gentileza de colaborar com a perfeição da obra, comunicando eventual erro encontrado por meio de mensagem para contato@editorafoco.com.br.

Impresso no Brasil (07.2016) – Data de Fechamento (07.2016)

2016

Todos os direitos reservados à
Editora Foco Jurídico Ltda.

Al. Júpiter, 542 – American Park Distrito Industrial
CEP 13347-653 – Indaiatuba – SP

E-mail: contato@editorafoco.com.br
www.editorafoco.com.br

DEDICATÓRIA

À Marina e Samya, sempre! Sem vocês não haveria fôlego, ânimo, entusiasmo e inspiração. Minha experiência finita de Deus, amores da minha vida. Toda conquista é nossa, não minha.

AGRADECIMENTOS

À Deus, acima de tudo.

Aos alunos de todo o Brasil pela motivação e rica troca de experiência ao longo destes anos nos cursos, palestras, *workshops*, no blog Como Passar Na OAB e redes sociais (Facebook, Twitter, Instagram, Periscope). A obstinação destes guerreiros em alcançar o sonho da aprovação, é também combustível que impulsiona a escrever.

Ao Prof. Wander Garcia e Márcio Dompieri, pela amizade e por acreditar em mais este projeto. De modo especial, ainda, pelo compromisso com o pioneirismo e qualidade em ferramentas de apoio a tantos alunos (concurseiros e "oabeiros") na realização de sonhos!

Aos amigos professores e colaboradores da Editora FOCO, por anos de parceria sólida!

APRESENTAÇÃO

SOBRE AS 350 DICAS DE ÉTICA PROFISSIONAL PARA O EXAME DE ORDEM

Descubra, em linguagem simples e didática, o que você precisa saber para estudar e entender o Novo Código de Ética e Disciplina da OAB.

Em 04 de novembro de 2015 foi publicada Resolução do CFOAB 02/2015 que aprovou o Novo Código de Ética e Disciplina da OAB, revogando o anterior, que remontava o longínquo ano de 1995, e em vigor a partir de 1º de setembro de 2016, conforme Resolução do CFOAB 03/2016.

O Novo CED é resultado de 03 anos de trabalhos dos conselheiros federais, dos presidentes de seccionais e dos advogados, traz diversas inovações que dignifica e valoriza essa profissão atuante na defesa dos diretos e deveres dos cidadãos.

Nesse cenário inovador, destacamos:

▶ regulamenta a advocacia *pro bono*, que possibilita a advocacia gratuita aos necessitados economicamente, vedada no código antigo;

▶ trata da Advocacia Pública e o seu regime ético;

▶ estabelece maior rigor ético aos dirigentes da OAB;

▶ permite a publicidade dos serviços dos advogados por meios eletrônicos, como redes sociais, desde que de forma moderada etc.

O que a obra contém:

▶ Dicas divididas por capítulos
▶ Edital sistematizado de Ética Profissional

- Esquemas de revisão
- Atualizado conforme o Novo Código de Ética, Leis 13.245/2016, 13.247/2016 e Resoluções do CFOAB 4, 5 e 7 de 2016.

Por se tratar de uma obra com formato "pocket book", conseguimos alcançar o resultado almejado: permitir que os advogados, estudantes de direito e candidatos ao Exame de Ordem a levem consigo em qualquer lugar, aliando praticidade e eficiência no estudo da Ética Profissional.

Enfim, esperamos contribuir e facilitar os estudos da disciplina que, sem sombra de dúvida, é das mais relevantes no dia a dia do advogado e, é claro, dos candidatos ao Exame de Ordem.

Tudo sem contar a competência e larga experiência do autor na disciplina Ética Profissional, na qual é professor e conferencista consagrado, o que fez com que a obra tivesse qualidade ímpar.

Espera-se que este trabalho seja uma boa maneira do leitor se familiarizar com o sistema trazido pelo Novo CED.

Boa leitura!
Wander Garcia

SUMÁRIO

SIGLAS XII
1. **DICAS DE PREPARAÇÃO PARA O EXAME DE ORDEM** 1
2. **EDITAL SISTEMATIZADO DE ÉTICA PROFISSIONAL** 9
    1. Órgãos da OAB 9
    2. Inscrição 9
    3. Do Advogado: atividade da advocacia 10
    4. Mandato 10
    5. Prerrogativas 11
    6. Deveres do advogado 12
    7. Sociedade de advogados 12
    8. Advogado empregado 12
    9. Honorários 13
    10. Incompatibilidades e impedimentos 13
    11. Infrações e sanções disciplinares 14
    12. Procedimento disciplinar 15
    13. Publicidade na advocacia 15
3. **350 DICAS DE ÉTICA PROFISSIONAL** 17
    1. Estrutura da OAB 17
        1.1. Natureza jurídica 17
        1.2. Finalidades da OAB e principais características 18
        1.3. Órgãos da OAB 19
            1.3.1. Conselho Federal da OAB (CFOAB) 19
            1.3.2. Conselho seccional 20
            1.3.3. Subseções 22
            1.3.4. Caixas de assistência 23
    2. Inscrição junto a OAB 25
        2.1. Dos requisitos 25
        2.2. A inscrição do estagiário 26
        2.3. Obrigatoriedade da inscrição suplementar 27

- 2.4. Cancelamento da inscrição 28
3. Advogado. Atividades privativas da advocacia e mandato judicial 32
4. Mandato 37
5. Prerrogativas do advogado 41
6. Direitos dos advogados (art. 7º, EOAB) 41
7. Sociedade de advogados 49
   - 7.1. Sócios e associados 50
   - 7.2. Razão social 51
   - 7.3. Identificação da sociedade 52
   - 7.4. Mandato judicial ou extrajudicial 53
   - 7.5. Filiais 53
   - 7.6. Advogados associados 54
   - 7.7. Responsabilidade civil da sociedade, sócios e associados 55
8. Advogado empregado 55
   - 8.1. Salário (art. 19, EOAB) 56
   - 8.2. Jornada de trabalho 56
     - 8.2.1. Horas extras 57
     - 8.2.2. Hora noturna e adicional 57
     - 8.2.3. Honorários de sucumbência (art. 21, EOAB) 58
     - 8.2.4. Considerações gerais 58
9. Honorários advocatícios 59
   - 9.1. Honorários convencionados ou contratuais 59
   - 9.2. Honorários *quota litis* 61
   - 9.3. Honorários fixados por arbitramento judicial 62
   - 9.4. Honorários sucumbenciais 63
   - 9.5. Características gerais dos honorários advocatícios 64
   - 9.6. Prazo prescricional para a ação de cobrança de honorários ... 65
   - 9.7. Título de crédito para pagamento de honorários 65
10. Incompatibilidades 66
    - 10.1. Hipóteses de incompatibilidade (art. 28, EOAB) 67
11. Impedimentos 70
    - 11.1. Advocacia pública (art. 29, EOAB) 73
12. Sanções e infrações disciplinares 74

12.1. Sanções disciplinares..74
12.2. Censura (art. 36, EOAB) 74
 12.2.1. Infrações puníveis com censura (art. 34, I a XVI e XXIX, EOAB)..75
12.3. Circunstâncias atenuantes e conversão da censura em advertência (parágrafo único do art. 36, EOAB e art. 40, EOAB)..............78
12.4. Suspensão temporária da censura ou advertência (art. 71, IV, NCED) 79
12.5. Suspensão 79
12.6. Quanto ao prazo da suspensão 81
12.7. Exclusão (art. 38, EOAB) 82
12.8. Multa (art. 39, EOAB)...82
13. Processo disciplinar (artigos 68 a 77, EOAB; artigos 55 a 69, NCED; artigos 120; 137-D, 138 ao 144-A, RGOAB) 83
 13.1. Competência para punir 83
  13.1.1. Exceção à regra de competência 84
 13.2. Competência disciplinar (JULGAMENTO)..................................84
 13.3. Prazos nos processos perante a OAB..84
 13.4. Suspensão preventiva do advogado 85
 13.5. Sigilo no processo disciplinar..85
  13.5.1. Etapa postulatória/instauração 86
  13.5.2. Etapa probatória/instrutória 87
  13.5.3. Etapa decisória/ julgamento...88
 13.6. Recursos 89
14. Revisão (art. 73, § 5º, EOAB) 90
15. Reabilitação (art. 41, EOAB) 90
16. Prescrição da infração disciplinar..91
17. Publicidade na advocacia 91
18. Sigilo profissional 96
 18.1. Violação do sigilo profissional (arts. 34, VII, e 36, I, EOAB).............97
 18.2. Depoimento testemunhal do advogado 98
 18.3. Prazo e conflito profissional 98
19. Esquema de revisão 99

SIGLAS

CED – Código de Ética e Disciplina

NCED – Novo Código de Ética e Disciplina

OAB – Ordem dos Advogados do Brasil

RGOAB – Regulamento Geral da OAB

TED – Tribunal de Ética e Disciplina

ENA – Escola Nacional da Advocacia

ESAs – Escolas Superiores de Advocacia

1. DICAS DE PREPARAÇÃO PARA O EXAME DE ORDEM

Caro aluno(a),

É árdua a batalha! A preparação para o Exame de Ordem exige muito mais do que tão somente "sentar e estudar" (afinal, como diz um velho ditado, vento favorável só existe para quem sabe para onde navegar). É preciso um cuidado enorme com a motivação, o estado psicológico e emocional do examinando (talvez numa linguagem técnica ambas palavras possam ser sinônimas) e claro, uma afiada bagagem técnica e um bom conhecimento da prova, suas peculiaridades (pegadinhas, abordagens em cada assunto etc.).

Para tudo isso, há um conjunto considerável de ações necessárias. Não há como tratar de todas neste anexo, mas é possível destacar alguns pontos de grande relevância e que, certamente, somarão à sua preparação:

a) Higidez física e mental:

É inegável a necessidade mantermos uma boa saúde física e mental. Simples de dizer, difícil (mas não impossível) de alcançar. Impõe-se ao examinando um trato respeitoso com o próprio corpo. Não digo com relação à ser um atleta ou ostentar aquela "barriga tanquinho". Mas permita-se algumas horas só para você!

Uma caminhada duas ou três vezes por semana, corridas (não de carro, claro!), ou uma modalidade esportiva como esportes com bola (tênis, vôlei, basquete) artes marciais (no meu caso, o jiu-jitsu é uma modalidade que traz um paralelo muito interessante com a preparação para o Exame de Ordem, Concursos Públicos e a própria vida: disciplina, persistência, serenidade e um verdadeiro "jogo de xadrez humano"), ou atividades mais "solitárias" (e digo isso pois não dependerá nunca de um parceiro. Ou seja, sem desculpas!), como a corrida, uma pedalada, musculação etc. Prefira os aeróbicos e, se possível, que seja ao ar livre.

A própria prática constante de atividades físicas (lembrando a necessidade de sempre buscar uma avaliação médica e o acompanhamento por profissionais. Não se aventure fazendo algo que nunca fez. Trágicos exemplos estão espalhados por aí!) proporcionará uma sensação incrível de bem-estar e disposição.

Junto a isso, converse com seus familiares (família mais próxima, aquela que convive diariamente com você) e amigos (também os mais próximos, aqueles que dividem o dia a dia ao seu lado). Compartilhe o projeto que se iniciará (diga para você mesmo "o meu projeto aprovação"). Isso será útil a permitirem que verdadeiramente se dedique as tantas horas necessárias (que se iniciará quanto à bagagem técnica que comentamos de início).

Se você é casado(a), tem filhos(as) e ainda trabalha a jornada será mais difícil, mas terá um brilho diferenciado. Estabeleça suas prioridades ao longo deste tempo de preparação. Elabore uma tabela de horários a fim de encontrar as horas necessárias e possíveis de se dedicar aos estudos. Converse com seu esposo(a) e busque um aliado nesta caminhada. Serão boas horas de "distanciamento" daquele convívio, mas por um bem muito maior. O quadro de horários final deve ser afixado num local de visibilidade comum na casa, para que todos (que já entenderam a importância da nova rotina) possam respeitar ainda mais seus horários de total dedicação. Quer ou não ser o(a) herói(na) de seus filhos?

b) Motivação:

Um dos grandes problemas que encontramos é a falta de motivação para estudar. Sabe aquele feriado prolongado que, de início, você se comprometeu a estudar, mas quando chegou na hora não resistiu em viajar com a família para aquela casa de campo, ou para o litoral que você tanto gosta... mas com a promessa de que "segunda-feira eu volto com tudo"? Sabe? Pois é. Quantos não conseguem voltar "com tudo" e ainda carregam a amarga derrota por meses, perdendo não apenas um final de semana, mas muitas semanas, meses e até anos! Tempo e oportunidades jogadas no lixo.

Momentos de descontração, viagens, cinema, são muito bem-vindos, mas desde que venham a somar, jamais para comprometer todo seu esforço. Se você se decidiu por fazer uma viagem, como ilustrei, dedique-se a curtir este momento. Viajar com culpa por não estar estudando, ou ficar estudando com raiva de não ter ido viajar, é algo estúpido, concorda?! E como não somos estúpidos, tomaremos decisões inteligentes e em prol do nosso PROJETO APROVAÇÃO. Você é responsável pelas suas escolhas. Assuma-as!

Além disso, para que a motivação esteja sempre em dia, busque coisas e técnicas que te permitam estar sempre com aquele frio na barriga de quando imaginamos a realização de um grande sonho (Pare agora. Pense em algo que verdadeiramente quer. Feche os olhos e tente imaginar com muita realidade este sonho sendo concretizado. Imagine aquele primeiro abraço em alguém que você ama muito logo após ler seu nome na lista dos aprovados! Para quem será a primeira mensagem ou telefonema de "Ei, passei!"? Para quem você vai olhar com os olhos carregados e dizer "Obrigado, passamos!?". Está percebendo essa emoção? Ela será sua companheira ao longo desta jornada! Viva isso!).

No meu caso, a título de exemplo, tenho um pequeno espaço reservado com a fotografia de minha esposa e filha. Ao lado, a primeira lembrancinha de dia dos pais (você que é pai e mãe sabe o valor que tem isso). Quando bate aquele desânimo em qualquer aspecto da minha vida profissional ou de concurseiro, eu busco este cantinho. "É por isso que eu estou aqui! É por elas que eu estou aqui! É por nós!". Tenha certeza que cada um traz uma motivação muito forte. É preciso encontrá-la! (não deixe de encontrar qual é a sua).

Esses são os amuletos. Eleja o seu. Pode ser a foto de uma carteira da OAB. Pode ser a foto do carro que você irá comprar quando já estiver advogando e receber os primeiros honorários (ah, como este nome é lindo!). O logotipo de seu escritório (dentro do que estabelece o Código de Ética, hein!?). Imagine sua sala. Seu arquivo com dados de clientes. O cheiro do café que tomará durante as tardes (nada de bebidas alcóolicas no horário de trabalho!). Encontre o seu!

Outra dica (pois tudo aqui tem apenas a pretensão de auxiliá-lo e não de impor verdades) é buscar alguns vídeos motivacionais. Não citarei um específico, pois a variedade é muito grande. No entanto, alguns filmes muito legais que certamente somarão nesta sua jornada quando naqueles momentos de lazer. Listo apenas 10 (os que mais me marcaram, pessoalmente), de outros grandes títulos que podemos encontrar:

1. "À procura da felicidade" (*"The Pursuit of Happyness"*). Com Will Smith. Diretor: Gabriele Muccino, 2006.

2. "Homens de honra" (*"Men of Honor"*). Diretor: George Tillman Jr, 2000.

3. "Desafiando gigantes" (*"Facing the Giants"*). Diretor: Alex Kendrick, 2006.

4. *"Invictus"*. Diretor: Clint Eastwood, 2009.

5. *"Rocky Balboa"* (todos os filmes da série, em especial "Rocky VI", de 2006).

6. "Walt antes de Mickey" (*"Walt Before Mickey"*). Diretor: Khoa Le, 2015.

7. *"JOBS"*. Diretor: Joshua Michael Stern, 2013.

8. "O homem que mudou o jogo" (*"Moneyball"*). Diretor: Bennett Miller, 2011.

9. "Um sonho possível" (*"The blind side"*). Diretor: John Lee Hancock, 2009.

10. "Mãos talentosas" (*"Gifted hands: the Ben Carson story"*). Diretor: Thomas Carter, 2009.

c) Religião:

A origem etimológica da palavra "religião" é a religação do homem com Deus. É estar ligado com a divindade, com o criador. Ao longo da história diversas religiões tentar explicar o inexplicável e dentro dessas explicações, dogmas e doutrinas, milhares de pessoas podem optar por aquele que lhe traz melhor sensação de estar em paz com o universo.

Se você possui uma, abrace-a. Talvez seja o momento de colocar em dia suas atividades religiosas. Se não possui, quem sabe é o momento? Ao menos tenha uma razão maior para viver, uma força, uma energia, como queira conceituar.

Mas por quê esse papo? Esta fé certamente será uma grande aliada nesta jornada. Tenha fé. Acredite. Mentalize coisas boas. Faça coisas boas (e a sensação será única!)

No meu caso, sou católico (não tão praticante quanto já fui um dia), mas tenho meus momentos reservados com Deus. Peço ajuda. Rogo que me mantenha sempre no caminho do bem. Que possa ser instrumento para tantos que batalham pela aprovação. Agradeço tudo que conquisto na vida. Peço inspiração, entusiasmo e perseverança.

Muitas vezes será o imaterial quem lhe renderá a sustentação mais firme nesta trajetória.

d) Ferramentas e local de estudo: mãos à obra

Até agora falamos de preparação para o Exame sem mencionar a necessidade de estudar. Não, não me esqueci. Boa parte da caminhada na preparação para o Exame de Ordem e também concursos públicos é composta de todos aqueles atributos que destaquei, além de tantos outros que, infelizmente, nessas linhas não caberiam elenca-los (ou teríamos um volume novo – quem sabe em breve?).

Quando ainda na metade do curso de direito na minha saudosa segunda casa Faculdade de Direito Damásio de Jesus, conversei por longas horas com o Professor Wander Garcia (e até hoje é meu grande conselheiro) sobre preparação para o Exame de Ordem e concursos. Na ocasião pretendia passar no Exame e posteriormente me dedicar à carreira da Magistratura Estadual.

Professor Wander me disse uma frase que jamais será esquecida: "gaste o tempo que for preciso na organização, separação de material, escolha do canto de estudo. Só depois de tudo organizado, comece a estudar". Parecia uma frase ingênua e sem muitas reflexões. Mas muito pelo contrário!

É atribuída a Abraham Lincoln a reflexão própria que diz: *Se tivesse seis horas para derrubar uma árvore, eu passaria as primeiras quatro horas afiando o machado*. Pense desta maneira. Afiar seu machado será organizar seu estudo (jamais estudo no meio da bagunça, de qualquer jeito), separar o material, dividir o tempo que terá disponível (e quando não tiver, o que você conseguir).

Sem dúvida alguma que você está diante do melhor livro do mercado, totalmente focado no Exame de Ordem, escrito por professores especialistas no assunto e que dominam o perfil da banca.

Para complementar ainda mais seus estudos e garantir um fio preciso a este machado (que é a sua preparação), listo abaixo o que chamo de **EDITAL SISTEMATIZADO DE ÉTICA PROFISSIONAL**.

Nas linhas que seguirão, dentro daquele aspecto técnico que inicialmente indiquei como necessário à sua aprovação, consta o resultado da análise minuciosa de todas as edições do Exame de Ordem na versão unificado, sob a organização da FGV (Fundação Getúlio Vargas), o que manterei atualizado a cada edição desta obra.

Os tópicos são orientados pelo capítulo de cada grande tema (por exemplo: "1. Órgãos da OAB"), seguido da abordagem já feita pela banca examinadora. Na coluna "incidência", consta o número de vezes que este tema já foi cobrado de forma objetiva nas questões.

Não há dúvida que é necessário a compreensão geral da matéria de "Ética Profissional", leitura obrigatória das normas aplicáveis (Código de Ética e Disciplina, Regulamento Geral da OAB, Estatuto da OAB), mas nestes pontos de destaque há uma necessidade de uma atenção especial, principalmente naquelas que possuam incidência maior ou igual a 2.

Portanto, mãos à obra!

Caso tenha dúvida, queira compartilhar a experiência, ou simplesmente estar em contato, não deixe de acessar o blog www.comopassarnaoab.com.br/blog ou manter contado direto pelas minhas redes sociais www.facebook.com/profsaviochalita ou pelo Twitter @savio_chalita.

Muita luz, obstinação e perseverança.

Que Deus abençoe sua jornada!

Savio Chalita.

2. EDITAL SISTEMATIZADO DE ÉTICA PROFISSIONAL

1. ÓRGÃOS DA OAB

Assunto	Incidência
Órgãos da OAB: Conselho Seccional, competência de criação	3
Alienação de bens do patrimônio da OAB. Competência	2
Órgãos da OAB: recurso em razão de requerimento indeferido pelo Presidente do Conselho Seccional	1
Órgãos da OAB: Conselho Federal, Competência	1
Órgãos da OAB: Eleições, eleição do CFOAB	1

2. INSCRIÇÃO

Assunto	Incidência
Inscrição: principal, suplementar, domicílio profissional	3
Inscrição: advogado com doença curável e não curável	2
Atividade de advocacia: habitualidade, até 5 participações por conselho seccional diferente da inscrição de origem	1
Inscrição: Inscrição do estagiário, requisitos, incompatibilidades	1
Inscrição: advogado, requisitos, art. 8º, EOAB	1
Estagiário: incompatibilidade, militar, inscrição como estagiário	1
Advogados Públicos, inscrição obrigatória na OAB	1

3. DO ADVOGADO: ATIVIDADE DA ADVOCACIA

Assunto	Incidência
Atividade privativa de advogado: atuação profissional da advocacia por pessoa não inscrita	1
Atos constitutivos de empresa, visto do advogado, requisitos e exceções	
Atividade da advocacia: função pública	1
Atividade de Advocacia: atividades privativas	2
Atividade de Advocacia: advocacia contra disposição de lei expressa, exceções, possibilidade	2
Atividade de advocacia: efetivo exercício de advocacia, comprovação, número de participações anuais	2
Atividade de advocacia, independência e liberdade	2
Advocacia Pública	2
Estágio profissional de advocacia: onde é prestado?	
Estagiário: o que é permitido ao estagiário fazer	

4. MANDATO

Assunto	Incidência
Mandato: fim do mandato, direito do advogado em receber honorários proporcionais. Formas de extinção	2
Mandato: juntada de procuração nova com advogado constituído nos autos	3
Mandato: Renúncia, requisitos	3
Mandato: extinção de mandato, hipóteses	
Mandato: substabelecimento com e sem reserva de poderes	2
Mandato: Advogado representando empresa em reunião extrajudicial	1

5. PRERROGATIVAS

Assunto	Incidência
Prerrogativa: inviolabilidade escritório advocacia, clientes envolvidos em crimes, advogado não envolvido	2
Prerrogativas, inviolabilidade correspondência do advogado, sigilo informação	2
Prerrogativas: imunidade material do advogado, crime de injúria, difamação e calúnia, crime de desacato, possibilidades	3
Órgãos da OAB: atuação da OAB em defesa das prerrogativas do advogado	1
Prerrogativas do advogado: acesso a autos de processo, sem procuração, situação e exceção	1
Prerrogativas do advogado: representar cliente em assembleia, requisitos	1
Prerrogativas: prisão do advogado, possibilidades, requisitos	3
Prerrogativas: retirada de autos processuais, com ou sem procuração, hipóteses, Súmula Vinculante n. 14	3
Prerrogativa: autoridade judiciária ausente no horário da audiência	2
Prerrogativas: advogado testemunha, sigilo profissional	3
Prerrogativas: advogado dirigir-se diretamente à sala ou gabinete do magistrado	1
Prerrogativa: Acesso do advogado ao preso, mesmo incomunicável	1
Prerrogativa: uso da palavra pela ordem	3
Prerrogativas: adentrar além dos cancelos de sala de julgamento	2
Desagravo Público: o que tutela?	1
Desagravo Público: procedimento, para que serve	2
Desagravo Público: concordância do ofendido, bem tutelado	2

6. DEVERES DO ADVOGADO

Assunto	Incidência
Nomeação de advogado para funcionar. Recusa justificada. Hipóteses e procedimento	2
Prestação de contas pelo advogado: Dever, consequências	1
Sigilo profissional: hipóteses, exceções, autorização de uso de informações sigilosas pelo cliente	3
Advogado deve abster-se de tratar diretamente com a parte que tenha advogado constituído	1
Advogado com clientes com conflito de interesses	2
Advogado, fiscal da lei, reclamação por escrito por descumprimento de lei	2

7. SOCIEDADE DE ADVOGADOS

Assunto	Incidência
Sociedade de Advogados: aplicação do CED, procuração, constituição da sociedade apenas por advogados	2
Sociedade de advogados: inscrição suplementar, filial e sede	3
Sociedade de advogados: responsabilidade civil por atos culposos de sócios	3
Sociedade de Advogados: conflito de interesses de clientes	3
Sociedade de Advogados: registro	3
Sociedade de advogados: uso do nome de sócio falecido	2

8. ADVOGADO EMPREGADO

Assunto	Incidência
Advogado empregado: independência, restrição de atuação apenas em interesse da empresa	1
Advogado como preposto e procurador judicial, situações, como é regulado	1
Conflito entre o advogado e a empresa que atua como chefe de departamento	1

9. HONORÁRIOS

Assunto	Incidência
Honorários: contratados e sucumbenciais. Impossibilidade dos honorários serem superiores a percepção do cliente	2
Honorários: contratados, *quota litis*, procedimento	2
Honorários: prescrição para cobrança, início do prazo	2
Mandato: fim do mandato, direito do advogado em receber honorários proporcionais. Formas de extinção	7
Honorários: fixação pelo juiz, ausência de estipulação anterior	2
Honorário: juntada de contrato de honorários, procedimentos	2
Honorários: formas de pagamento, títulos de crédito, possibilidades	1
Honorários: contratuais, requerer o pagamento ao juiz, juntada de contrato aos autos	1
Honorários: cobrança, prazo	1
Honorários: pagamento quando não convencionados	2

10. INCOMPATIBILIDADES E IMPEDIMENTOS

Assunto	Incidência
Impedimento: Advogado que trabalha na junta comercial pode visar atos constitutivos de empresa?	2
Impedimentos: conselheiro do tribunal de contas municipal	1
Impedimento: Professor universitário federal, situações em que estará impedido de atuar em face da fazenda pública que o remunera	1
Incompatibilidade: aprovação em concurso do MP. Procedimento e consequências com relação à inscrição	1
Incompatibilidades: exercício de atividade incompatível, consequências	1

Assunto	Incidência
Incompatibilidade: secretário municipal, prefeito	1
Incompatibilidade, prazo de cessação	1
Incompatibilidade: parlamentar, mesa diretora	1
Incompatibilidade: cancelamento da inscrição	1
Impedimento: Advocacia pública, cargo de chefia	1

11. INFRAÇÕES E SANÇÕES DISCIPLINARES

Assunto	Incidência
Nomeação de advogado para funcionar. Recusa justificada. Hipóteses e procedimento	2
Infrações: não devolução dos autos no prazo	4
Infrações disciplinares, competência para processamento	2
Infração disciplinar: divulgação de alegações forenses pelo advogado	1
Infração disciplinar: captação de clientela, uso de agenciador de causas	3
Infração disciplinar: falta de prestação de contas, sanção	2
Infração disciplinar: forjar citação doutrinária	1
Sanções disciplinares: circunstâncias atenuantes, exercício assíduo e proficiente em mandato realizado na OAB	1
Sanção: Exclusão, uso de drogas, situações ensejadoras da Sanção	1
Sanções disciplinares, prescrição	1
Suspensão: impossibilidade de advogar	1
Reabilitação do advogado: condenação penal e administrativa pelo mesmo fato	1
Inépcia profissional, caracterização	1

Assunto	Incidência
Advogado não pode postular contra texto expresso de lei	1
Concurso do advogado em prática criminosa	1
Abandono de Causa. O que caracteriza?	1

12. PROCEDIMENTO DISCIPLINAR

Assunto	Incidência
Processo Disciplinar: competência, representação em face do presidente do Conselho Seccional	1
Procedimento Disciplinar: representação apresentada sem fundamentos. Consequências	1
Procedimento disciplinar: denúncia anônima, impossibilidade	3
Processo disciplinar: procedimento sigiloso, peças sigilosas, consequências à quebra do sigilo	1

13. PUBLICIDADE NA ADVOCACIA

Assunto	Incidência
Publicidade na advocacia: boletim de notícias	1
Publicidade na advocacia: distribuição de panfletos	1
Publicidade: aparição de advogado em programas de TV. Requisitos	2
Publicidade na advocacia: boletim informativo, possibilidade, a que pode ser direcionado/enviado	3
Publicidade na advocacia: o que não pode	2
Publicidade na advocacia: comunicação de alteração de endereço	2
Publicidade: cargos que ocupou, experiência acadêmica	1

3. 350 DICAS DE ÉTICA PROFISSIONAL

1. ESTRUTURA DA OAB

1.1. Natureza jurídica

1. A importância em definir a **natureza jurídica** da OAB está muito mais que na simples conceituação, mas também na consequência que será a **definição de competência** em caso de demanda judicial onde a Ordem dos Advogados do Brasil conste como parte passiva ou ativa.

2. O **conceito clássico**, e já ultrapassado, entendia a OAB como uma **autarquia federal especial**. No entanto, considerando o § 1º do art. 44, EOAB (*A OAB não mantém com órgãos da Administração Pública qualquer vínculo funcional ou hierárquico*), bem como em razão do entendimento do **STF (ADIn 3026/2006)**, é possível afirmar que a **OAB é serviço público independente e sem vinculação com o Poder Público, com finalidades corporativas e institucionais** (o art. 133, CF diz que o advogado exerce múnus público e é indispensável à administração da Justiça).

3. Pelo conceito já ultrapassado, qualquer demanda judicial envolvendo a OAB deveria ser proposta perante a Justiça Federal, já que lhe era imputada a condição de Autarquia Federal Especial. **Pelo conceito atual, será competente o foro da Justiça Estadual Comum.**

4. Muito embora em **regra geral** o foro competente seja o da **Justiça Comum**, é necessário verificar se a **questão versa sobre assuntos** que, por si só, determinem a **competência** da **Justiça Federal** ou outra especializada, por exemplo, Mandado de Segurança impetrado em face de ato do Conselho Federal da OAB (competência da Justiça Federal da Capital Federal).

1.2. Finalidades da OAB e principais características

5. **Cabe à OAB defender** a Constituição Federal e ordem jurídica do Estado Democrático de Direito, os direitos humanos e a justiça social, pugnar pela boa administração da justiça e aperfeiçoamento das instituições jurídicas (como quando na composição dos Tribunais através do Quinto Constitucional).

6. OAB presta **serviço público** sem qualquer vinculação ao poder público (relembrando a atual conceituação assumida quanto sua natureza jurídica).

7. A OAB é **organizada de forma federativa:** Conselho Federal, Conselhos Seccionais, Subseções e Caixa de Assistência do Advogado.

8. A **receita** auferida pela OAB por meio das **anuidades** são convertidas para a própria manutenção, **não possuindo, tal contribuição, natureza tributária** (razão pela qual a cobrança não pode se dar como forma de execução fiscal, o que ocorre em outras categorias profissionais).

9. A OAB possui **autonomia** e **independência** de **atuação**, que poderá ser restringida apenas por lei. Não é uma independência irrestrita e ilimitada.

10. A OAB possui **imunidade tributária** relativa aos seus bens, serviços e renda obtida.

11. Não existe controle de contas pelos Tribunais de Conta. Tal **controle** será exercido pelos seus **próprios órgãos**.

1.3. Órgãos da OAB

1.3.1. Conselho Federal da OAB (CFOAB)

12. Conselho Federal é o órgão máximo da OAB, localizado na Capital Federal e **dotado de personalidade jurídica** (característica relevante a ser notada em cada um dos órgãos da OAB).

13. Compete ao CFOAB representar (em juízo ou fora dele), interesses **coletivos** ou **individuais** dos advogados.

14. Compete ao CFOAB velar pela **dignidade**, **independência**, **prerrogativas** e **valorização** da advocacia.

15. Cabe tão somente ao CFOAB a **edição** de **alteração** do Regulamento Geral da OAB, do Código de Ética e Provimentos. O **Estatuto da Advocacia** (Lei 8.906/1994), por ser previsto em **forma legislativa**, apenas poderá ser alterado por **procedimento próprio** (iniciativa da Câmara dos Deputados ou Senado Federal, e ao final, com a sanção Presidencial).

16. Quando houver **grave violação** do EOAB ou RGOAB por parte dos Conselhos Seccionais (órgão estadual), caberá ao **CFOAB intervir**.

17. O CFOAB **julgará recursos** oriundos de questões já decididas em instância inferior pelos Conselhos Secionais.

18. Caberá ao CFOAB elaborar as **listas** contendo nomes de advogados indicados a preenchimento de **cargos nos Tribunais Judiciários** (**Quinto Constitucional**) de âmbito nacional ou interestadual (as listas relativas aos Tribunais de âmbito estadual são de competência do Conselho Seccional).

19. Caberá ainda ao CFOAB o ajuizamento de **ADI, Ação Civil Pública, Mandado de Segurança Coletivo, Mandado de Injunção e demais ações** de legitimação outorgada por lei.

20. O CFOAB é quem **regula** e **elabora** o **Exame de Ordem** (lembrando que o Exame, atualmente, é unificado). A **aplicação** fica a cargo dos **Conselhos Seccionais** de cada estado.

1.3.2. Conselho seccional

21. É órgão **representativo** dos **entes federativos estaduais** (incluindo o DF), localizando-se na capital de cada estado e DF. Portanto, podemos afirmar existirem 27 Conselhos Seccionais no Brasil (26 estados + DF). São condições de elegibilidade aos que pretendam ocupar cargos de diretoria nos Conselhos: ser o candidato advogado inscrito na Seccional, com inscrição principal ou suplementar, em efetivo exercício há mais de 05 (cinco) anos, e estar em dia com as anuidades na data de protocolo do pedido de registro de candidatura, considerando-se regulares aqueles que parcelaram seus débitos e estão adimplentes com a quitação das parcelas (art. 131-A, RGOAB)

22. Os Conselhos Seccionais possuem as competências definidas no art. 58, EOAB, e dentre elas a edição de regimento interno e resoluções, a criação de Subseções e Caixa de Assistência dos Advogados, cabendo-lhe, nestes intervir quando da aprovação de quórum de pelo menos 2/3 dos Conselheiros (art. 108, XV, RGOAB).

23. Compete ao Conselho Seccional o julgamento de recursos de questões decididas por seu Presidente e todas repartições administrativas, ou mesmo com natureza de órgão, que encontrem limitação de competência inferior a este órgão estadual, são elas: Diretoria, TED (Tribunal de Ética e Disciplina), Diretorias das Subseções e da Caixa de Assistência dos Advogados. Cabe também, aos Conselhos Seccionais, a fixação de valores a serem praticados, são eles: tabela de honorários advocatícios, anuidade, preços de serviços e multas.

24. Os Presidentes dos **Conselhos da OAB** (Conselho Seccionais) e das Subseções podem requisitar cópias de peças de autos e documentos a qualquer tribunal, magistrado, cartório e órgão da Administração Pública direta, indireta e fundacional. Importante mencionar que tal dispositivo teve sua constitucionalidade discutida perante o Supremo Tribunal Federal em sede da ADI 1127-8, situação em que foi assegurada sua constitucionalidade, devendo tal requisição ser acompanhada de motivação e o pagamento dos respectivos custos, por constituir interesse compatível com as finalidades da Lei 8.906/1994.

25. O Conselho Seccional é o órgão responsável pela **realização do Exame de Ordem**. Não se trata de elaboração e regulamentação (competência do CFOAB), mas a aplicação prática das provas em suas fases. Será também o Conselho Seccional quem determinará, com exclusividade, os critérios para trajes de advogados no exercício profissional (CUIDADO: não se trata de competência dos Tribunais de Justiça ou Regionais, que estarão adstritos a considerar as vestimentas apenas em suas dependências).

26. Os conflitos de competência entre subseções e entre estas e o Conselho Seccional são por este decididos, **com recurso voluntário ao Conselho Federal.**

Conflito de Competência		Quem resolve
Subseção A	Subseção B	Conselho Seccional C
Subseção A	Conselho Seccional C	Conselho Seccional C

Observação: Subseções A e B estão situados nas limitações de atuação do Conselho Seccional C.

27. Considerando a previsão do Quinto Constitucional (onde consta a obrigatoriedade de ocupação dos Tribunais por 20% de julgadores provenientes da carreira da Advocacia e Ministério Público, com exceção da Justiça Eleitoral que possui regras próprias[1]) o Conselho Seccional é quem elegerá as **listas** para **preenchimento de tais cargos**, sendo **vedada** a inclusão de **membros do Conselho** e de **qualquer outro órgão** da OAB.

28. Compete ao Conselho Seccional, após **deliberação** neste sentido, o ajuizamento de **mandado de segurança coletivo** (em defesa dos inscritos naquele estado, independentemente de autorização pessoal de cada um) e **mandado de injunção** em face da Constituição Estadual ou Lei Orgânica do Distrito Federal (natureza mista de Lei Orgânica e Constituição Estadual).

1.3.3. Subseções

29. É órgão de **representação municipal** da OAB sendo que, no entanto, não significa dizer que em cada município haverá uma Subseção uma vez que é possível que haja uma Subseção abarcando um ou mais municípios a depender da limitação imposta pelo Conselho Seccional (exemplo: cidade de Lorena e Canas, no interior de São Paulo. Apenas o município de Lorena possui Subseção, sendo que os advogados de Canas mantêm inscrição junto à Subseção de Lorena) bem como mais de uma subseção no mesmo município (exemplo: cidade de São Paulo com mais que uma Subseção: Butantã, Jabaquara, Nossa Senhora do Ó, Pinheiros, Santo Amaro etc.).

30. Para a criação de uma Subseção (que é competência do Conselho Seccional, conforme art. 58, II, EOAB) são necessários pelo menos **15 advogados** com domicílio profissional na localidade.

---

1. Na Justiça Eleitoral, por falta de previsão legal neste sentido, terá seus tribunais formados por juízes de carreira (magistrados aprovados em concurso de provas e títulos) bem como advogados nomeados a partir das listas elaboradas pela Ordem dos Advogados do Brasil.

31. As Subseções são os únicos órgãos da OAB que **não possuem personalidade jurídica** própria.

32. As competências das Subseções vêm definidas no art. 61, EOAB, sendo elas: I – dar cumprimento efetivo às finalidades da OAB; II – velar pela dignidade, independência e valorização da advocacia, e fazer valer as prerrogativas do advogado; III – representar a OAB perante os poderes constituídos; IV – desempenhar as atribuições previstas no regulamento geral ou por delegação de competência do Conselho Seccional. V – editar seu regimento interno, a ser referendado pelo Conselho Seccional; VI – editar resoluções, no âmbito de sua competência; VII – instaurar e instruir processos disciplinares, para julgamento pelo Tribunal de Ética e Disciplina (TED); VIII receber pedido de inscrição nos quadros de advogado e estagiário, instruindo e emitindo parecer prévio, para decisão do Conselho Seccional.

1.3.4. Caixas de assistência

33. Dotada de personalidade jurídica própria, possui a função de prestar assistência aos advogados e estagiários inscritos junto ao Conselho Seccional a que esteja vinculada (cada Conselho Seccional possui sua própria Caixa de Assistência ao Advogado. Exemplos: CAASP, de São Paulo; CAARJ, do Rio de Janeiro; CAARN, do Rio Grande do Norte).

34. É de competência do Conselho Seccional a criação das Caixas de Assistência aos advogados, sendo que para sua criação é necessário número superior a **1.500 inscritos.**

35. A criação das Caixas de Assistência, bem como a **aquisição de personalidade jurídica** que lhe é própria, se dará através da **aprovação** e **registro** de seus **estatutos** pelo Conselho Seccional correspondente.

36. O estatuto da Caixa de Assistência é quem definirá as atividades da diretoria e a estrutura de sua organização (art. 121, RGOAB e art. 62, §1º, EOAB).

37. Pode a Caixa de Assistência, em benefício dos advogados, promover a seguridade complementar.

38. A diretoria da Caixa de Assistência será composta de cinco membros (presidente, vice-presidente, secretário-geral, secretário-geral adjunto e tesoureiro), sendo que suas atribuições serão estabelecidas pelo regimento interno de cada uma.

39. Caberá à Caixa de Assistência, como **fonte de receita, metade** do quanto arrecadado a título de **anuidades** pelo Conselho Seccional (não se inclui aqui os valores oriundos da prestação de serviços ou multas recolhidas em processos disciplinares, mas tão somente os atinentes às anuidades), sendo este total resultante do montante arrecadado e as deduções regulamentares obrigatórias (as deduções estão elencadas no art. 56, RGOAB).

40. Considerando a vinculação existente entre a Caixa de Assistência e o Conselho Seccional, em caso de extinção ou desativação do primeiro, todo o patrimônio se incorporará ao do segundo.

41. Havendo descumprimento de finalidades pelas Caixas de Assistência, os Conselhos Seccionais respectivos, **mediante voto de 2/3 de seus membros**, poderá **intervir** designando diretoria provisória (que se manterá enquanto durar a intervenção).

42. A Caixa de Assistência goza de **imunidade tributária total** em relação a seus **bens**, **rendas** e **serviços**, com fundamento expresso no § 5º do art. 45, EOAB.

43. A Coordenação Nacional das Caixas é órgão de assessoramento do CFOAB com vistas à política nacional de assistência e seguridade dos advogados, composta pelos presidentes das Caixas de cada Conselho Seccional.

44. Existindo conflito de interesses entre a Caixa de Assistência e os seus respectivos Conselhos Seccionais, caberá ao Órgão Especial do Conselho Federal dirimi-lo (a mesma regra será observada sempre que houver conflitos entre órgãos da OAB).

> "**IMPORTANTE (NCED)**: O advogado, que exerce cargo ou função em órgãos da OAB, ou que represente a classe perante qualquer instituição/órgão/comissão (público ou privado), está impedido de firmar contratos onerosos de fornecimento de produtos e nem de aquisição de bens móveis e imóveis infungíveis de quaisquer órgãos da OAB, ou para esta alienar. **Exceção**: atividade remunerada de magistério junto a **ENA, ESAs** e junto às Bancas do Exame de Ordem, observado: princípios de moralidade e modicidade nos valores remuneratórios."

2. INSCRIÇÃO JUNTO A OAB

2.1. Dos requisitos

45. **Inscrição definitiva** é aquela que é possível após a conclusão do curso de bacharelado em direito e consequente **aprovação** no Exame de Ordem, sendo necessária a coexistência dos requisitos estabelecidos no **art. 8º, EOAB**: I – capacidade civil; II – diploma ou certidão de graduação em direito, obtido em instituição de ensino oficialmente autorizada e credenciada; III – título de eleitor e quitação do serviço militar, se brasileiro; IV – aprovação em Exame de Ordem; V – não exercer atividade incompatível com a advocacia; VI – idoneidade moral; VII – prestar compromisso perante o conselho.

> *"Prometo exercer a advocacia com dignidade e independência, observar a ética, os deveres e prerrogativas profissionais e defender a Constituição, a ordem jurídica do Estado Democrático, os direitos humanos, a justiça social, a boa aplicação das leis, a rápida administração da justiça e o aperfeiçoamento da cultura e das instituições jurídicas".* Art. 20, RGOAB

46. CUIDADO PARA NÃO CONFUNDIR: é comum a confusão entre **idoneidade** e **inidoneidade**. O primeiro significa a presença de atributos idôneos à pessoa, enquanto que no segundo busca indicar a ausência destes atributos.

47. O **compromisso** prestado perante o Conselho Seccional é solene e **personalíssimo** (não admite seja feito mediante procurador).

48. O Exame de Ordem, requisito **obrigatório** para a inscrição definitiva, será regulamentado através de provimentos do Conselho Federal da OAB.

49. Aos **estrangeiros** ou brasileiros graduados em direito em instituições de ensino superior **fora do Brasil**, deverão fazer **prova do título** (diploma da graduação no estrangeiro ou documento equivalente) além de cumprir com os demais requisitos estabelecidos no art. 8º, EOAB.

50. Em caso de **inidoneidade moral**, esta deverá ser suscita por qualquer pessoa e apenas será declarada mediante decisão de no **mínimo dois terços dos votos** de **todos** os **membros** do Conselho Seccional competente, em procedimento que observe os termos do processo disciplinar.

51. A **condenação** transitada em julgado por **crime infamante** impede a condição de **idoneidade moral** do pretendente à inscrição, salvo reabilitação judicial (§ 4º do art. 8º, EOAB).

2.2. A inscrição do estagiário

52. **Inscrição** de **estagiário** é aquela realizada ainda **durante a graduação** no bacharelado em direito, mediante cumprimento dos requisitos estabelecidos no art. 9º, EOAB: Capacidade Civil, título de eleitor e quitação do serviço militar, se brasileiro, não exercer atividade incompatível com a advocacia, idoneidade moral, prestar compromisso perante o Conselho (ato solene e pessoal) e ter sido admitido em estágio profissional de advocacia.

53. O estágio profissional, requisito para a inscrição como estagiário junto ao Conselho Seccional correspondente, será aquele realizado nos **últimos dois anos** do curso de direito, podendo ser mantido pelas próprias instituições de ensino superior (através de "escritórios modelos" ou "núcleos de prática jurídica"), pelos Conselhos da OAB, setores ou órgãos jurídicos e escritórios de advocacia registrados junto a OAB.

54. É **obrigatório** o estudo do **EOAB** durante as atividades de estágio profissional de advocacia (art. 9º, § 1º, EOAB).

55. Será **permitido** ao aluno que exerça atividade **incompatível** com a **advocacia** frequentar o estágio ministrado pela própria instituição de ensino superior, exclusivamente com fins de aprendizagem, permanecendo **vedada** a sua **inscrição** como estagiário junto a OAB (art. 9º, I c/c art. 8º, V, EOAB).

56. O **militar** na ativa não pode se inscrever como estagiário junto a OAB, uma vez considerada a **incompatibilidade** desta **atividade** com o da **advocacia**.

57. Ao estagiário é permitido fazer **TUDO**, desde que **SEMPRE** o faça em **conjunto** com um advogado.

58. O estagiário poderá **atuar sozinho** para retirar e devolver autos em cartório, obter certidões, peticionar sozinho para requerer untada de documentos (âmbito judicial ou administrativo).

59. **Estagiário**, mesmo inscrito junto a OAB, **não** poderá tomar **ciência** de atos processuais (o famoso "dar-se por citado"), situação que na prática ocorre com habitualidade nos cartórios e serventias.

2.3. Obrigatoriedade da inscrição suplementar

60. Além da **inscrição principal** do advogado (inscrição definitiva principal), este deverá proceder com a **inscrição suplementar** quando passar a exercer habitualmente a profissão em outro território (Conselho Seccional, ou seja, em outro estado da federação).

61. Entende-se por **habitualidade** da atividade jurídica a intervenção judicial que exceder a cinco participações em ações por ano. Ou seja, a partir da **sexta participação impõe-se a inscrição suplementar,** sob pena de exercício irregular da profissão quanto aos atos extrapolados (consequências civis, criminais e disciplinares).

62. O advogado inscrito poderá **requerer** a **transferência** de sua inscrição para outro Conselho Seccional, situação que não lhe renderá o **acúmulo** de **inscrições**, mas tão somente aquela do local para onde requerer sua transferência em razão da **mudança** de **domicílio profissional**.

63. A **inscrição suplementar** também será obrigatória quando na criação de filiais de sociedade de advogados em outros conselhos seccionais, registro de sociedade de advogados em outros conselhos seccionais, registro de sociedade unipessoal de advogado em outros conselhos que não o seu de origem (inscrição principal).

64. Atenção: Com a criação da **sociedade unipessoal** de advocacia (atual redação do art. 15, do Estatuto da OAB, redação dada pela Lei 13.247/2016), tornou-se obrigatória a inscrição suplementar do advogado que venha a buscar o registro de tal modalidade societária junto a outro Conselho Seccional que não o seu de origem.

2.4. Cancelamento da inscrição

65. A inscrição do advogado poderá ser cancelada diante de seu requerimento direcionado ao Conselho Seccional onde esteja inscrito, sem a necessidade de que haja justificativa para tanto.

66. Será também será **cancelada** a inscrição do advogado em razão **de penalidade de exclusão, falecimento** (aqui fica a oportunidade de destacar a "corrente" daqueles que sustentam que diante da morte o advogado RECORRERÁ!), e **exercício de atividade incompatível** com a advocacia (a **incompatibilidade** gera a **proibição total de advogar**. Exemplos: aprovação e posse na carreira da Magistratura, Ministério Público etc.).

67. O **cancelamento** da **inscrição** do advogado será consequência no caso da **perda** dos **requisitos** do art. 8º, EOAB (I – **capacidade civil**; II – diploma ou certidão de graduação em direito, obtido em instituição de ensino oficialmente autorizada e credenciada; III – título de eleitor e quitação do serviço militar, se brasileiro; IV – aprovação em Exame de Ordem; V – não exercer atividade incompatível com a advocacia; VI – idoneidade moral; VII – prestar compromisso perante o conselho.).

68. Quando ocorrer a **3ª suspensão** em razão de **inadimplemento** de anuidades distintas, o advogado terá sua inscrição **cancelada**.

Para memorizar:

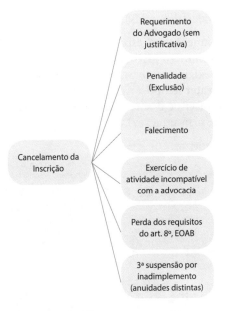

69. Nos casos de pena de exclusão, falecimento e exercício definitivo incompatível com a advocacia, a inscrição será **cancelada de ofício** pelo **Conselho Seccional**, sendo considerado a data de ocorrência do fato ensejador do cancelamento, mesmo que tardio seja efetivamente procedido o registro (baixa).

70. O **cancelamento** da inscrição acarreta a **perda do número da inscrição original**, caso o advogado venha a requerer nova inscrição (neste caso apenas deverá comprovar os requisitos dos incisos I, V, VI e VIII, do art. 8º, EOAB: **capacidade civil**, não exercício de atividade incompatível com a advocacia, idoneidade moral e prestar o compromisso perante o Conselho Seccional).

71. Será possível ao advogado requerer seu licenciamento, que é um afastamento temporário. Neste caso não haverá perda do número de inscrição original, sendo que neste lapso o advogado não poderá advogar, sob pena de exercício irregular da profissão (e seus atos serão considerados nulos).

72. O **licenciamento** terá espaço quando assim for requerido pelo advogado, **com motivo justificado** (lembrando que para o cancelamento não é exigido motivo), pelo exercício de **atividade incompatível** (em **caráter temporário**, não definitivo) com a atividade da advocacia ou sofrer de **doença mental considerada curável** (caráter temporário, mais uma vez).

73. Para memorizar:

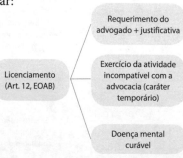

74. Dentre as consequências, além da **impossibilidade** de **advogar** neste lapso, como dito, está a desnecessidade de pagamento da **anuidade**.

75. A **identificação** dos inscritos junto a OAB será feita mediante apresentação de **documento** de **identidade profissional** ("carteirinha da OAB") que é o cartão com chip de assinatura digital e a brochura.

76. A identidade profissional do advogado e estagiário servirá como **identificação** em todo o **território nacional**. JAMAIS estará limitado à área territorial do Conselho Seccional correspondente.

77. O **documento** de identidade profissional é de **uso obrigatório** do advogado quando no exercício de sua atividade profissional (art. 13, EOAB).

> **IMPORTANTE:** A Resolução 05/2016[2] CFOAB alterou inúmeros dispositivos do RGOAB, possibilitando aos travestis e transexuais a utilização do nome social na identificação do advogado, sendo a designação com a qual tais pessoas se identificam e são reconhecidas socialmente. Para tanto, é necessário requerimento (aos já inscritos), e indicação (aos que vierem a requerer a inscrição após a entrada em vigor da respectiva resolução). Assim, para todas as indicações onde for obrigatória a indicação de nome, há a possibilidade de indicação do nome social (inclusive no CNA – Cadastro Nacional de Advogados).
>
> **PARA ANOTAR:**
> – A Resolução 05/2016 alterou o *caput* e o § 1º do art. 24, o § 1º do art. 24-A e o inciso III do art. 33, acrescentou o parágrafo único do art. 33 e alterou o inciso II do art. 34, o art. 38, o § 3º do art.

---
2. Publicada no dia 05.07.2016, cuja vigência é de 180 dias após sua publicação.

128, o § 4º do art. 131, o inciso I do § 1º do art. 132, o inciso II do § 1º do art. 137 e os §§ 3º e 4º do art. 137-D do RGOAB.

78. É obrigatório ao advogado a indicação de seu nome (ou nome social) e número de inscrição junto a OAB em todos os documentos que vier a assinar no exercício de suas atividades.

79. É **vedado** ao advogado **anunciar** ou **divulgar** qualquer **atividade** relacionada com o exercício da advocacia **sem** a **indicação** expressa de **nome** e **número** de inscrição do advogado. No caso de sociedades de advocacia, a identificação será feita também através do número de registro da sociedade junto ao Conselho Seccional (lembrando que sociedade de advogado – seja uni ou pluripessoal – apenas deverá ser registrada junto ao Conselho Seccional correspondente – quando irá adquirir personalidade jurídica-, sendo-lhe conferido um número de registro, além da obrigação de adimplir anuidade própria).

3. ADVOGADO. ATIVIDADES PRIVATIVAS DA ADVOCACIA E MANDATO JUDICIAL

80. O exercício da advocacia exige conduta compatível com os preceitos (EOAB, NCED, RGOAB, Provimentos) e com os princípios da moral individual, social e profissional.

81. **São deveres do advogado**: I – preservar, em sua conduta, a honra, a nobreza e a dignidade da profissão, zelando pelo caráter de essencialidade e indispensabilidade da advocacia; II – atuar com destemor, independência, honestidade, decoro, veracidade, lealdade, dignidade e boa-fé; III – velar por sua reputação pessoal e profissional; IV – empenhar-se, permanentemente, no aperfeiçoamento pessoal e profissional; V – contribuir para o aprimoramento das instituições, do Direito e das leis; VI – estimular, a qualquer tempo, a conciliação e a mediação entre os litigantes, prevenindo, sempre que possível, a instauração de litígios; VII – desaconselhar lides temerárias, a partir de um juízo preliminar de viabilidade jurídica;

> **IMPORTANTE:** os mesmos deveres deverão ser observados na situação da advocacia 'pro bono' (art. 30, NCED – Leitura obrigatória!)

82. a) utilizar de influência indevida, em seu benefício ou do cliente; b) vincular seu nome **ou nome social** (**inserido pela Resolução 07/2016[3], CFOAB**) a empreendimentos sabidamente escusos; c) emprestar concurso aos que atentem contra a ética, a moral, a honestidade e a dignidade da pessoa humana; d) entender-se diretamente com a parte adversa que tenha patrono constituído, sem o assentimento deste; e) ingressar ou atuar em pleitos administrativos ou judiciais perante autoridades com as quais tenha vínculos negociais ou familiares; f) contratar honorários advocatícios em valores aviltantes.

83. **Também são deveres do advogado:** I – pugnar pela solução dos problemas da cidadania e pela efetivação dos direitos individuais, coletivos e difusos; II – adotar conduta consentânea com o papel de elemento indispensável à administração da Justiça; III – cumprir os encargos assumidos no âmbito da Ordem dos Advogados do Brasil ou na representação da classe; IV – zelar pelos valores institucionais da OAB e da advocacia; V – ater-se, quando no exercício da função de defensor público, à defesa dos necessitados.

84. Atividades privativas da advocacia são reservadas tão somente àqueles inscritos definitivamente (advogados) junto ao Conselho Seccional.

85. **Estagiário não desenvolve atividade privativa** da advocacia (lembrando que apenas conjuntamente ou na hipótese de realização de carga e devolução de autos e juntada de documentos).

---
3. Publicada no dia 05.07.2016, cuja vigência é de 180 dias após sua publicação.

86. Ao advogado **suspenso** é **vedada** a atividade privativa da **advocacia** (justamente em razão da suspensão) sob pena de exercício ilegal da profissão (art. 47, Lei das Contravenções Penais) e consequências de natureza cível e administrativa.

87. É **privativa** da advocacia a **postulação** junto aos **órgãos** do **Poder Judiciário** e aos juizados especiais (com a exceção que será desatacada nas próximas linhas quanto a Lei 9.099/1995), bem como a atividade de consultoria, assessoria e direção jurídica (ou seja, para ser consultor, assessor ou cargo de direção de departamento/setor jurídico, é necessário ser advogado) (art. 1º, EOAB).

88. Os **atos** e **contratos constitutivos** de **pessoas jurídicas**, sob pena de **nulidade**, só podem ser admitidos a registro, nos órgãos competentes, quando visados por advogados. Exceção a esta regra se dá nos casos de microempresas (ME), empresas de pequeno porte (EPP), empresa individual de responsabilidade limitada (EIRELI – sempre que vier acompanhado de declaração de enquadramento em ME ou EPP. Caso contrário, será NECESSÁRIO o visto de advogado).

89. Exceções à **obrigatoriedade** da presença do advogado, tornando sua presença facultativa (embora sempre recomendável):

a) **Juizados Especiais Cíveis:**

▶ Se diante da Justiça Estadual, embora comporte o teto de 40 salários mínimos, o advogado será dispensável nas causas em que o valor da causa não ultrapassar a soma correspondente a **20 salários mínimos**, sendo tal regra aplicável apenas na **1ª instância**;

▶ Se diante da Justiça Federal, o teto será de **60 salários mínimos** seja para fixação da competência (obedecidos os demais critérios da Lei 9.099/1995), seja para a **dispensabilidade** de advogado. Sempre limitado à 1ª instância.

▶ A **dispensabilidade** de advogado **não alcança** eventual **recurso inominado** perante a Turma Recursal.

b) **HC e Revisão Criminal (em qualquer instância)**

c) **Justiça do Trabalho (Vara do Trabalho e TRT- Tribunal Regional do Trabalho):**

▶ Neste caso, não se insere na exceção a Ação Rescisória, Cautelar, Mandado de Segurança, Recurso Extraordinário (STF) e Recursos de Competência decisória do TST, e Ações originárias nos tribunais.

d) **Justiça de Paz**

▶ Embora considerado o ato mais formal do direito civil, a celebração de casamento não demanda a presença de advogado sequer na habilitação, sendo tudo realizado diretamente pelos interessados.

e) **Ação de Alimentos (Lei 5.478/1968)**

▶ Possibilidade do Juiz da Vara especializada (ou Criminal) fixar alimentos conjunta ou isoladamente as medidas protetivas de urgência (art. 22, V, Lei 11.340/2006).

90. Na separação, divórcio e inventário **extrajudiciais** (aqueles realizados em **cartório**), é obrigatória a presença do advogado, por força da Lei 11.441/2007 que incluiu o art. 1.124-A, Código Civil.

91. **Na atuação junto ao INPI (Registro de Marcas e Patentes)** é **facultativa** a presença do advogado, muito embora todo procedimento administrativo seja de natureza jurídica e com base na **Lei de Propriedade Industrial** (Agente de Propriedade Industrial e Advogados). Portanto, o registro de marcas e patentes não é privativo da advocacia, cabendo tanto aos advogados quanto aos Agentes de Propriedade Industrial (a nosso sentir, o que causa grande tumulto na verdadeira mercantilização e capitalização de clientela nesta área de atuação).

92. Os atos **privativos** de advogado, quando cometidos por quem **não possua** a **inscrição** junto a OAB (definitivo, advogado), serão considerados **nulos**, além da **responsabilização** do indivíduo na esfera cível, administrativa e criminal.

93. Também incorre no **exercício ilegal** da **profissão** aquele advogado que, **impedido** por situação prevista em lei (art. 30, I, II, EOAB), **desenvolve atividade privativa** de advogado em casos onde se impõe restrição.

94. Ao advogado **licenciado** impõe-se a **restrição** de exercício de **atividades privativas** da advocacia, enquanto durar seu licenciamento. A mesma regra, como já dito, ao advogado suspenso (enquanto durar sua suspensão).

95. É **vedada** a **divulgação** da advocacia em **conjunto** com qualquer **outra atividade**. Vejamos alguns exemplos: "Advocacia e Imobiliária", "Advocacia e Xerox", "Advocacia e Agência de Viagens", "Advocacia e Seguros", "Advocacia e Contabilidade" etc.

96. Poderão exercer a advocacia todos aqueles devidamente inscritos junto a OAB (já sabemos que o registro é mantido junto ao Conselho Seccional correspondente), sem que haja impedimentos, incompatibilidades, suspensões ou esteja licenciados.

97. Exercem a advocacia:
- Advogado autônomo ou empregado;
- Integrantes da Advocacia-Geral da União;
- Procuradoria da Fazenda Nacional;
- Defensores Públicos (Estados, DF, União);
- Integrantes da Procuradoria e Consultoria Jurídica (Estados, DF, União e entidades de administração indireta e fundacional)

98. Os advogados públicos se submetem ao que se convencionou chamar "duplo controle" ou duplo regime. Ou seja, estarão submetidos à legislação própria da carreira que venha a integrar bem como ao EOAB e Código de Ética e Disciplina (CED), no tocante à inscrição junto a OAB, sua regularidade, infrações ético-disciplinares e no que mais for aplicável.

99. O **advogado público** exercerá suas funções com **independência técnica**, contribuindo para a solução ou redução de litigiosidade, sempre que possível.

100. O **advogado público**, inclusive o que exerce cargo de **chefia** ou **direção** jurídica, deverá observar nas relações com os colegas, autoridades, servidores e o público em geral, o dever de **urbanidade**, tratando a todos com **respeito** e **consideração**, ao mesmo tempo em que preservará suas prerrogativas e o direito de receber igual tratamento das pessoas com as quais se relacione.

4. MANDATO

101. É o instrumento pelo qual o mandatário recebe poderes de atuação em nome do mandante. Ato de outorga de poderes. O mandato judicial é aquele relativo à outorga para atuação junto aos órgãos do poder judiciário.

102. Poderá o mandato ser a "procuração *ad judicia*" ou mesmo "com poderes especiais" (exigida, por exemplo, no oferecimento de queixa crime).

103. A procuração é instrumento que deverá ser apresentada na primeira manifestação do advogado, sendo que em caso de urgência, para evitar preclusão, decadência ou prescrição de direito, é possível a atuação sem procuração. Neste casos, dentro do prazo de 15 dias (prorrogável por igual período, mediante requerimento fundamentado e após decisão do juízo neste sentido), deverá o advogado fazer juntar o referido instrumento.

104. Caso não seja apresentada a procuração no prazo (seja no primeiro ato ou, no caso de urgência ou para evitar preclusão/decadência/prescrição após 15 dias ou em sua extensão), o Código de Processo Civil acena para a seguinte consequência:

CPC Antigo (art. 37, parágrafo único)	Novo CPC (art. 104, §§ 1º e 2º)
Ato inexistente (nulo)	Ato ineficaz àquele em cujo nome (o ato) fora praticado

105. A procuração poderá ser de foro em geral (amplos poderes para atuação judicial em nome do mandante), poderes especiais (atuação específico, constando normalmente ao final da procuração), ou apud acta (quando o mandante indicar verbalmente a outorga de poderes ao advogado. Situação que ocorre no ato de audiência, por exemplo).

106. A **extinção** do **mandato** poderá ser **tácita** ou **expressa**. Por **tácita**, entende-se a situação do arquivamento dos autos, após extinção do feito (seja com ou sem julgamento de mérito). A extinção **expressa** se dará pela **renúncia, revogação, substabelecimento sem reservas** e juntada de **nova procuração (Quanto a esta possibilidade, cuidado! Comentários adiante)**.

107. Na renúncia o advogado é quem atua renunciando os poderes que lhe foram confiados através do mandato. A vontade do mandante não possui relevância (não é preciso que ele aceite).

108. Para a **renúncia** é necessário o cumprimento da **dupla comunicação**: carta AR (com aviso de recebimento) ao cliente e posterior comunicação ao juiz, fazendo prova do cumprimento da comunicação por carta ao cliente. Neste caso, o advogado ainda deverá atuar nos próximos **10 dias sequentes** à comunicação ao juiz (**Cuidado**, o prazo conta-se da comunicação ao juiz, não ao cliente).

109. A **renúncia** ao mandato outorgado anteriormente **não exime** o advogado de **responsabilidade** de **danos** eventualmente causados ao cliente ou a terceiros quando durante o exercício da atividade profissional.

110. O advogado **não será responsabilizado** quando da **omissão do cliente** quanto a documento ou informação que lhe coubesse fornecer para a prática de ato processual (caso em que o cliente, após ter sido solicitado pelo advogado quanto a um documento ou informação, mantem-se inerte. Aqui a necessidade que as comunicações desta natureza sejam por escrito, ou de alguma forma registradas. Veremos no tópico acerca do sigilo profissional, que nestes casos tal registro poderá ser utilizado pelo advogado eventualmente e obedecidas as limitações do NCED).

111. Se **novo advogado** for **constituído** pelo cliente, **não há necessidade** de se manutenção de atuação pelo prazo de **10 dias**. Se o prazo findar e não for indicado novo advogado, o juiz nomeará novo defensor dativo para que atue nos autos. (Se a parte possuir condições financeiras de arcar com um defensor, o Estado poderá reaver os valores dispendidos para designação de defensor e/ou advogado inscrito junto ao Convênio OAB/Defensoria Pública).

112. Na **revogação**, o **mandante** é quem "resgata", na integralidade, os poderes que houvera outorgado ao advogado. Da mesma forma, **não depende** de **aceite** do **mandatário**, bastando a comunicação.

113. Ao **advogado** que teve seus poderes de representação **revogados** terá direito aos **honorários proporcionais** à atuação realizada nos autos do processo (art. 12, NCED)

114. Naturalmente que não haverá necessidade de que o advogado permaneça atuando pelo prazo de 10 dias nos autos, vez que na maioria dos casos a comunicação de revogação (ao juiz) já vem acompanhado da indicação do novo patrono.

115. Quanto ao **substabelecimento**, é preciso destacar suas modalidades e finalizar com a que importa no tocante ao fim do mandato:

a) **Substabelecimento com reservas de poderes**: O advogado substabelece à outro advogado os poderes que lhe foram confiados pelo cliente, reservando, neste ato, a condição de outorgado. O advogado ainda poderá realizar o substabelecimento apenas com poderes específicos ou limitados (por exemplo, para que o outro advogado tão somente realize uma audiência, levante quantia depositada em juízo etc.)

b) **Substabelecimento sem reservas de poderes**: nesta modalidade haverá encerramento do mandato, pois ao advogado transfere a outro os poderes que lhes fora outorgado, sem reservar qualquer parcela para si próprio.

116. No caso do substabelecimento, qualquer que seja a modalidade ou restrições imposta ao substabelecido (no caso de substabelecer para realizar uma audiência, por exemplo), é obrigatório o prévio e inequívoco conhecimento ao cliente, sob pena de abandono ou desamparo dos feitos (art. 15, NCED[4]).

117. ATENÇÃO: A **juntada de nova procuração** não é o meio mais adequado (preferencialmente as formas anteriores – Substabelecimento sem reservas e Revogação –, se a intenção é a "troca de advogado"), sendo pouco cobrado nos Exames esta espécie de extinção de mandato. Contudo, cabe mencionar que existe. Importante destacar o que dispõe o Código de Ética e Disciplina acerca desta situação:

> Art. 14. O advogado **não deve aceitar** procuração de quem já tenha **patrono constituído**, sem **prévio conhecimento** deste, **salvo** por motivo plenamente justificável ou para adoção de medidas judiciais urgentes e inadiáveis.

---
4. Art. 24, § 1°, Código de Ética e Disciplina OAB de 1995 (antigo Código de Ética)

118. O **mandato** judicial ou extrajudicial **não** se **extingue** com o decurso do **tempo**, salvo se assim estiver consignado no instrumento de outorga (instrumento de procuração).

5. PRERROGATIVAS DO ADVOGADO

119. São **direitos** (**Garantias** legais e não "regalias") reservadas aos **Advogados** para que possam desenvolver suas **atividades** com **resguardo, respeito** e **validade**, em razão da **FUNÇÃO** que exercem.

120. O **rol das prerrogativas** vem disposto ao longo dos arts. 6º e 7º, EOAB, e seus incisos, sendo apenas um **ROL EXEMPLIFICATIVO**, de forma que outras normas poderão trazer prerrogativas específicas, alargando tais previsões.

121. Não há **hierarquia** e **subordinação** entre advogados, magistrados e membros do Ministério Público, devendo todos tratar-se com **consideração** e respeito **recíprocos**. O advogado não deve deixar deter-se por temor em desagradar autoridades em razão do desempenho de suas funções ante a impopularidade de seus clientes ou clamor público.

122. Autoridades, Servidores e Serventuários deverão dispensar **tratamento compatível** com a dignidade da advocacia e **condições compatíveis** com seu desempenho;

123. O advogado deve sempre agir com **urbanidade** e **respeito**, exigindo seja o mesmo tratamento dispensado.

6. DIREITOS DOS ADVOGADOS (ART. 7º, EOAB)

124. Exercer, com **liberdade**, a **profissão** em todo o território nacional, sendo tal liberdade obediente à lei, ao EOAB e às demais normas aplicáveis, tal como o CED (ou seja, não é uma liberdade irrestrita e ilimitada).

125. A **inviolabilidade** de seu escritório ou local de trabalho, de seus instrumentos de trabalho, de sua correspondência escrita, eletrônica, telefônica e telemática, desde que relativas ao exercício da advocacia;

126. A **violabilidade** do local, instrumentos, correspondências de trabalho **somente** será admitida em caráter de exceção, obedecidos alguns **requisitos** (art. 7º, § 6º, EOAB):

a) Indícios e Autoria e materialidade da prática do crime pelo advogado;

b) Decisão motivada por autoridade judiciária competente;

c) Mandado de busca e apreensão deve ser específico e pormenorizado;

d) Mandado deverá ser cumprido na presença de representante da OAB;

127. Na exceção à inviolabilidade do advogado (de local e instrumentos de trabalho), o **juiz** tem o dever de **comunicar** à **OAB** (envio de ofício) sobre a **busca e apreensão** que será realizada, sob pena de ilegalidade do ato. Se o juiz oficia e a OAB não envia representante, o ato será considerado válido.

128. Mesmo que cumpridas as exigências para a exceção à inviolabilidade a que se referiu, será **vedada** a **utilização** dos **documentos**, das mídias e dos objetos pertencentes a clientes do advogado averiguado, bem como dos demais instrumentos de trabalho que contenham informações sobre clientes. No entanto, se estes clientes forem coautores ou partícipes do advogado na **prática** do **crime** que ensejou a busca, **poderão** tais objetos serem **utilizados**.

129. É **prerrogativa** do advogado **comunicar-se** com seus clientes, **pessoal** e **reservadamente**, **mesmo sem procuração** (mas indispensável a apresentação documento profissional de advogado), quando estes se acharem **presos**, **detidos** ou **recolhidos** em estabelecimentos civis ou militares, **ainda que** considerados **incomunicáveis**. Trata-se do direito à comunicação reservada (sem escutas, sem presença de agentes de segurança etc.).

130. É indiferente o fato da incomunicabilidade do preso, ao **advogado sempre será franqueado acesso,** consubstanciando-se também na garantia Constitucional da ampla defesa do acusado;

131. O **advogado**, no exercício de sua **profissão**, apenas poderá ser **preso** se em **flagrante** de **crime inafiançável**. Neste caso, é prerrogativa do advogado ter a presença de representante da OAB, quando preso em flagrante para lavratura do auto respectivo, sob pena de nulidade. Importante mencionar que a comunicação deve ser feita à OAB, antes da lavratura do auto de prisão em flagrante.

132. **Atenção:**

▶ Delegado **Comunica** e OAB se mantém inerte: Prisão é Válida

▶ Delegado **Não Comunica** – Prisão é inválida/ilegal e deve ser relaxada (art. 310, I, CPP).

133. É prerrogativa do advogado não ser recolhido preso, **antes de sentença transitada em julgado** (tem relação com as prisões cautelares, não penais), senão em sala de Estado Maior, com instalações e comodidades condignas. Na falta de instalações neste padrão, o recolhimento deverá se dar em prisão domiciliar[5].

134. Quanto à **Sala de Estado Maior**, importante mencionar que a jurisprudência antiga, assim como a própria doutrina, indicava como sendo uma sala com acomodações condignas dentro das forças armadas ou grupamentos militares.

---

5. Complementação de conteúdo: ADIn 1.127-8

135. O **entendimento atual do STF** é no sentido de que as salas de estado maior podem consubstanciar-se em "qualquer ambiente separado, situado em unidades prisionais ou quartéis (Forças armadas/grupamentos militares), sendo de maior relevância a inexistência de grades e outros dispositivos ostensivos de contenção, que eventualmente se equiparem a uma cela".[6]

136. É prerrogativa do advogado **ingressar livremente** (sem necessidade de solicitar licença, podendo nestes lugares permanecer sentado ou em pé, e retirar-se livremente):

a) nas salas de sessões dos tribunais, mesmo além dos cancelos que separam a parte reservada aos magistrados;

b) nas salas e dependências de audiências, secretarias, cartórios, ofícios de justiça, serviços notariais e de registro, e, no caso de delegacias e prisões, mesmo fora da hora de expediente e independentemente da presença de seus titulares;

c) em qualquer edifício ou recinto em que funcione repartição judicial ou outro serviço público onde o advogado deva praticar ato ou colher prova ou informação útil ao exercício da atividade profissional, dentro do expediente ou fora dele, e ser atendido, desde que se ache presente qualquer servidor ou empregado;

d) em qualquer assembleia ou reunião de que participe ou possa participar o seu cliente, ou perante a qual este deva comparecer, desde que munido de poderes especiais;

137. É prerrogativa do advogado **dirigir-se diretamente aos magistrados**, em suas salas ou gabinetes de trabalho (chamada sala privativa do magistrado), sem necessidade de agendamento ou de ser anunciado, devendo tão somente ser respeitada a **ordem de chegada**.

---

6. Julgamento da RCL 8853 e RCL 5826.

138. O antigo inciso IX do art. 7º do EOAB, estabelecia como prerrogativa do advogado *"sustentar oralmente as razões de qualquer recurso ou processo, nas sessões de julgamento, após o voto do relator, em instância judicial ou administrativa, pelo prazo de quinze minutos, salvo se prazo maior for concedido;*[7] No entanto, em ocasião do julgamento de duas ADIns, o STF firmou entendimento que a sustentação oral só é possível quando admitido por Lei ou Regimento Interno dos Tribunais. O momento em que a sustentação oral será feita estará prevista na norma (Lei ou Regimento);

139. É também prerrogativa do advogado **utilizar da palavra pela ordem** (na prática a interpelação é iniciada com os dizeres "pela ordem", em qualquer juízo ou tribunal, mediante intervenção sumária (rápida, objetiva, sem delongas) para esclarecer **equívoco** ou **dúvida** surgida em relação a fatos (fatos, documentos, afirmações etc.), documentos ou afirmações que **influam no julgamento**, bem como para **replicar acusação ou censura que lhe forem feitas** (normalmente esta situação de necessidade ocorrerá durante colheita de provas orais, debates orais, por exemplo).

140. Ao advogado, que exerce **função social e indispensável à administração da justiça,** caberá **reclamar**, **verbalmente** ou por **escrito**, perante qualquer juízo, tribunal ou autoridade, contra a inobservância de preceito de lei, regulamento ou regimento, tudo com vistas ao **aprimoramento das instituições democráticas**.

141. Caberá ao advogado optar por falar, **sentado** ou **em pé**, em juízo, tribunal ou órgão de deliberação coletiva da Administração Pública ou do Poder Legislativo, não sendo necessário solicitar "licença"

142. É direito de o advogado examinar, em qualquer órgão dos Poderes Judiciário e Legislativo, ou da Administração Pública em

---

7. Vide ADIn 1.127-8 e ADIn 1.105-7.

geral, autos de processos findos ou em andamento, mesmo sem procuração, **quando não estejam sujeitos a sigilo**, assegurada a obtenção de **cópias**, podendo tomar **apontamentos;**

143. A Lei 13.245/2016 **alterou a redação do inciso XIV do art. 7º, EOAB**, estabelecendo ser prerrogativa do advogado examinar, em qualquer instituição responsável por conduzir investigação, **mesmo sem procuração, autos de flagrante e de investigações de qualquer natureza**, findos ou em andamento, ainda que conclusos à autoridade, podendo copiar peças e tomar apontamentos, em meio físico ou digital. A procuração apenas poderá ser exigida se existir segredo de justiça.

144. A **Súmula Vinculante 14** estabelece que é direito do defensor, no interesse do representado, ter acesso amplo aos elementos de prova que, já documentados em procedimento investigatório realizado por órgão com competência de polícia judiciária, digam respeito ao exercício do direito de defesa.

145. Também é direito do advogado ter vista **dos processos judiciais ou administrativos** de qualquer natureza, em **cartório** ou na **repartição** competente, ou **retirá-los pelos prazos legais**; (em trâmite)

146. É garantido ao advogado **retirar autos de processos findos**, mesmo **sem** procuração, pelo prazo de **dez dias;**

147. Ao advogado ofendido no exercício de sua profissão, ou em razão dela, será garantido o **desagravo público**, sendo que tal procedimento se dará em **sessão pública** e solene de repúdio ao ato do infrator.

148. A **competência** do desagravo público será do Conselho Seccional do local onde se dera o ato ofensor.

149. O desagravo público **não depende da concordância do advogado ofendido**. Busca-se proteger a atividade da advocacia como um todo e não tão somente a figura individual do advogado ofendido.

150. **Exceção** à competência do local da infração: Nos casos onde o ofendido for Conselheiro Federal ou a ofensa se revestir de relevância e grave violação às prerrogativas profissionais, com repercussão nacional, **a competência será do Conselho Federal da OAB.**

151. O uso de **símbolos privativos da profissão de advogado**, tais como: a) vestes talares (beca: simboliza o sacerdócio e respeito ao judiciário) – (Provimento 8/1964 CFOAB); b) Têmis (deusa grega simbolizando a justiça); c) balança da Justiça.

152. É necessário ATENÇÃO para não confundir **símbolos privativos da profissão** de advogado, vistos acima, com **símbolos privativos dos órgãos da OAB**, sendo que neste último caso temos o brasão da república e o símbolo da OAB (logotipo).

153. É Prerrogativa do advogado (mais que uma prerrogativa, é um n, como forma de garantir o sigilo profissional, independentemente da autorização do cliente – art. 38, NCED) **recusar-se** a depor como **testemunha em processo** no qual funcionou ou deva funcionar, ou sobre fato relacionado com pessoa de quem seja ou foi advogado, mesmo quando autorizado ou solicitado pelo constituinte, bem como sobre fato que constitua sigilo profissional.

154. Na situação anterior, o advogado deve **comparecer à audiência**, no entanto, abster-se de testemunhar acerca de fatos e informações que detenha conhecimento em razão da relação advogado-cliente. No entanto, importante destacar algumas exceções:

- **Grave risco à vida** (do advogado ou de terceiro). Exemplo clássico é a do cliente que diz ao advogado que irá matar a sogra no próximo domingo. O advogado, considerando a realidade da afirmativa, deverá informar às autoridades policiais sobre a situação, evitando o resultado morte.

- Diferente situação ocorre quando o cliente procura o advogado informando que foi ele quem matou a sogra. Neste caso, trata-se de uma confissão que deverá ser resguardada sob proteção do sigilo profissional.

Grave risco à honra. Aqui podemos utilizar a exemplificação do item anterior, colocando a lesão a honra como o tipo penal a ser considerado.

- Afronta do advogado pelo cliente (atualmente tratada como "defesa própria"). Situação em que o cliente afronta o próprio advogado durante a audiência, por exemplo. Neste caso, o advogado poderá quebrar o sigilo profissional com o fito de resguardar-lhe.

155. É direito do advogado **retirar-se do recinto** onde se encontre aguardando pregão para ato judicial, **após trinta minutos do horário designado** e ao qual ainda não tenha comparecido a autoridade que deva presidir a ele, mediante comunicação protocolizada em juízo. Para o exercício deste direito é necessário que haja a ausência do juiz e não o atraso de pauta, que é situação comum e rotineira em diversas comarcas.

156. O prazo será de 30 minutos. Na **Justiça do Trabalho** o prazo será de **15 minutos**. Deve ser feita uma comunicação formal (por escrito), através de petição devidamente protocolada junto a serventia correspondente;

157. A Lei 13.245/2016 incluiu o inciso XXI, fazendo dispor ser prerrogativa do advogado assistir a seus clientes investigados **durante a apuração de infrações**, sob pena de **nulidade** absoluta do respectivo interrogatório ou depoimento e, subsequentemente, de todos os elementos investigatórios e probatórios dele decorrentes ou derivados, direta ou indiretamente, podendo, inclusive, no curso da respectiva apuração, **apresentar razões e quesitos.**

158. O advogado tem **imunidade profissional**, não constituindo **injúria** e suas **manifestações**, no **exercício** de sua **atividade**, em juízo ou fora dele, sem prejuízo das sanções disciplinares perante a OAB, pelos excessos que cometer. (Lembrando que em razão da ADIn 1.127-8, foi reduzido do texto legal a imunidade com relação ao **desacato**. Ou seja, advogado responde por **calúnia** e **desacato** e está imune por injúria e difamação, nos limites informados nesta dica)

159. O Poder Judiciário e o Poder Executivo devem instalar, em todos os juizados, fóruns, tribunais, delegacias de polícia e presídios, **salas especiais permanentes para os advogados**, com uso assegurados à OAB. (Cabe destacar que em razão da ADIn 1.127-8, foi suprimida a expressão "controle" quanto à referência de que as **"salas da OAB"** teriam controle submetido à OAB. O fundamento da inconstitucionalidade reconhecida tem por base o fato de que caberá ao respectivo fórum, tribunal ou administração o controle de todas as salas em suas dependências)

7. SOCIEDADE DE ADVOGADOS

160. Os advogados podem reunir-se em **SOCIEDADE SIMPLES** (**Atenção**, a classificação antiga era a de sociedade civil, muito embora o "enquadramento" permanece sendo o de sociedade simples, à luz do Código Civil) de prestação de serviços de advocacia ou constituir sociedade unipessoal de advocacia.

Art. 982, CC: *"Salvo as exceções expressas, considera-se* **empresária a sociedade** *que tem por objeto o exercício de atividade própria de empresário* **sujeito a registro (art. 967);** *e,* **simples, as demais".**

161. Atenção: Sociedade de advogados não vai à Registro na Junta Comercial, Reg. Civil de Pessoas Jurídicas etc., mas **tão somente junto ao Conselho Seccional respectivo** à sua localidade, quando adquire personalidade jurídica.

7.1. Sócios e associados

162. É admitida a figura de associados (Associado ≠ Sócio), sendo obrigatório que sejam advogados (afinal a Sociedade de Advogados desenvolverá apenas atividades privativas de advocacia – proibição de atividades "estranhas", tais como as já exemplificadas: contabilidade, corretagem, imobiliária e qualquer outra que não esteja considerada como atividade privativa dos advogados).

163. Não poderão ser associados: a) o advogado que exerça atividade incompatível com a advocacia (proibição TOTAL de advogar; Atenção, a incompatibilidade é diferente de impedimento para advogar), estagiários (mesmo que inscritos na OAB).

> *Quem pode ser associado?*
> *Resposta: Apenas ADVOGADOS*
> *Quem pode ser sócio (Sociedade Pluripessoal)?*
> *Resposta: Apenas ADVOGADOS*

164. Os sócios não poderão integrar outra sociedade com sede ou filial na mesma territorialidade. Vejamos um exemplo prático ilustrativo:

Situação: Marina e Savio são advogados e decidem formar uma sociedade de advogados, mantendo como sede localidade abrangida pelo Conselho Seccional de São Paulo. Posteriormente, com o sucesso profissional da sociedade e o grande número de clientes e atuações em outros estados, abrem uma filial no estado do Ceará e outro no Tocantins. Marina também é muito próxima a Advogada Samya, com quem decide compor nova sociedade de advogados junto ao Conselho Seccional do Rio Grande do Sul. Considerando o exemplo, vejamos as consequências:

a) Marina poderá manter nova sociedade junto ao Conselho do Rio Grande do Sul, uma vez que a primeira sociedade mantida com Savio, não alcança aquela localidade.

b) Marina deverá atentar-se ao fato de que a nova sociedade não poderá possuir filiais no Conselho Seccional onde já exista a filial ou sede da sociedade que compôs com Savio.

c) Em cada novo Conselho Seccional que Marina vier a compor sociedade ou estabelecer filiais, deverá proceder previamente à inscrição suplementar.

165. É possível que um dos sócios seja de outro estado (Conselho Seccional distinto), sendo que neste caso será imposta a necessidade de inscrição suplementar no Conselho Seccional onde se pretenda constituir a sociedade. ***Sócio de outra UF? Pode?***

7.2. Razão social

166. A razão social da sociedade de advogados deverá ser composta pelo nome de <u>pelo menos</u> um dos sócios (completo ou abreviado, ou ainda **o nome social** – inserido pela **Resolução 05/2016**[8], CFOAB; vide Dica 77). No caso de falecimento de um dos sócios,

---
8. Publicada no dia 05.07.2016, cuja vigência é de 180 dias após sua publicação.

caso seu nome ou nome social componha a razão social, poderá permanecer em utilização caso venha assim admitido no contrato social (ato constitutivo da sociedade). Não existindo o autorizativo, a razão social da sociedade deverá ser alterada.

167. No caso da sociedade composta por dois sócios, ocorrendo falecimento de um dos sócios, na ocasião da sociedade ser composta por apenas dois advogados, haverá o prazo de 180 dias para que a sociedade seja reconstituída, ou seja, um novo sócio venha recompor a sociedade. Se o prazo não for cumprido, a Sociedade sofrerá sua dissolução (art. 5º, Provimento 112/2006).

168. É vedado o uso de nomes ou frases fantasias. Exemplos: "Aqui a justiça é feita", "Regularize já!", "Pensão garantida!" (essa é forte, hein!), "Aposente hoje!".

Exceção à vedação do nome "fantasia" ou "comercial": Dizemos "exceção" uma vez que não se trata de nome fantasia, mas apenas uma conjunção indicando a pluralidade de nomes indicado pelo "E" comercial (&).

Exemplo: Savio & Marina Sociedade de Advogados

7.3. Identificação da sociedade

169. A sociedade devidamente registrada será identificada pela sua razão social + "Sociedade de Advogados"+ "número OAB", sendo vedada a referência a "Sociedade Comum", "Ltda." ou qualquer outra.

170. O registro da Sociedade junto ao Conselho Seccional (seja unipessoal ou pluripessoal) implica no dever de adimplência de anuidade (valores estabelecidos pelo Conselho Seccional);

7.4. Mandato judicial ou extrajudicial

171. Procurações deverão ser outorgadas individualmente, devendo ser indicada a sociedade a que os advogados outorgados pertençam. Importante destacar que, quanto a isso, deve-se observar esta circunstância (de outorga individual) quando no momento de eventual extinção de mandato. Ou seja, a extinção deverá ser individual.

172. Advogados da mesma sociedade não poderão representar em juízo clientes com interesses opostos (Possibilidade de configurar: Crime de Patrocínio infiel – art. 355, CP; Infração Ética);

7.5. Filiais

173. É possível que a Sociedade crie filiais. No entanto, não poderão pertencer à mesma base territorial do Conselho Seccional da sede, nem mesmo de outra filial. Os sócios deverão possuir inscrições suplementares em cada base territorial em que existir FILIAL;

174. **AVERBA-SE** no Conselho Seccional da SEDE a criação da(s) filial(ais) e **ARQUIVA**-se no Conselho Seccional respectivo à localidade da Filial sua condição.

Exemplo: "Savio & Marina Sociedade de Advogados" com **SEDE** junto ao Conselho Seccional de São Paulo, e pretendem a criação de **FILIAL** em localidade relativa ao Conselho Seccional de Minas Gerais.

a) Savio e Marina deverão proceder à inscrição suplementar junto ao Conselho Seccional de Minas Gerais;

b) Será averbado junto ao Conselho Seccional de São Paulo a criação da Filial e Arquivado junto ao Conselho Seccional de Minas Gerais.

c) Novas filiais apenas poderão ser criadas nos estados onde não exista filial estabelecida (mesmo que em municípios distantes) ou em estados onde não seja o mesmo da sede.

> **ATENÇÃO:** Escritório de Apoio não é filial. Muitos escritórios mantêm escritórios de apoio espalhados pelo próprio estado, por questão de praticidade e estrutura. No entanto, não se trata de filial. Se você é estagiário e percebeu que seu escritório sugere nos "timbrados" e outros documentos de comunicação diversas "filiais" dentro do mesmo estado, não se deixe confundir: São escritórios de apoio ou representação.

> **Dica:** Averbar significa fazer constar informação em registro já existente. No caso, o único registro existente seria junto ao Conselho Seccional de origem (São Paulo).

7.6. Advogados associados

175. Advogados poderão manter **contrato de associação** com a Sociedade de Advogados e o contrato deverá ser averbado às margens do registro da Sociedade (lembram da dica anterior? Se há registro prévio, a nova informação relevante deve ser averbada), sendo um vínculo é puramente **contratual**.

Para não esquecer

Associado:

- Não é sócio
- Não há vínculo empregatício
- Vínculo contratual

7.7. Responsabilidade civil da sociedade, sócios e associados

176. A **responsabilidade** da Sociedade, em relação a danos experimentados pelo cliente, será **subjetiva** (contrato de advocacia é de meio e não de resultado).

177. **Responsabilidade** dos **Sócios** e **Associados** será **ilimitada** (independentemente da sua quota de participação na sociedade). Destacando em reiteração, apenas, que a **responsabilização do associado será subsidiária à sociedade**, não eximindo o direito de regresso da sociedade responsabilizada por falha/erro de associado (natureza civil indenizatória; responsabilidade subjetiva).

8. ADVOGADO EMPREGADO

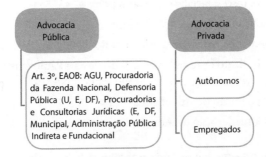

178. Extrai-se o conceito de **EMPREGADO** do Direito do Trabalho, art. 3º, CLT. No entanto, em razão de ser **ADVOGADO**, devem ser observados regramentos próprios. Sabemos que a relação de emprego é caracterizada por: prestação de serviço, habitualidade, pessoalidade, **SUBORDINAÇÃO** e onerosidade.

179. No tocante à **SUBORDINAÇÃO** devemos destacar o conflito quando em relação à independência inerente à atividade da advocacia. Por esta razão, dizemos se tratar aqui de uma **Independência atenuada/ mitigada/ diminuída**, pois mesmo caracterizada a relação de emprego, a subordinação limita-se à **isenção técnica e independência funcional** do advogado empregado (art. 18, EOAB), que será, portanto, inviolável em qualquer situação nos exatos termos do Compromisso firmado quando na solenidade de entrega das identidades profissionais do advogado (art. 20, RGOAB):

8.1. Salário (art. 19, EOAB)

180. O **Salário Mínimo** do advogado será fixado tendo-se por referência o: a) contrato individual e b) salário mínimo (piso salarial). Este último, piso salarial, será fixado por:

a) Acordo ou Convenção Coletiva;

b) Sentença Normativa em Dissídio Coletivo

▶ Sindicato (Exemplo: no estado de São Paulo existe o Sindicato dos Advogados do estado de São Paulo – SASP)

▶ Federação de Advogados

▶ Confederação de Advogados

> **Importante:** Em **matéria trabalhista** (relação de emprego) a **OAB não representará** o advogado, mas sim o Sindicato e na sua inexistência a Federação de Advogados ou Confederação de Advogados.

8.2. Jornada de trabalho

181. A jornada será de 4 horas/dia, totalizando 20 horas semanais (sem dedicação exclusiva), sendo **exceções:**

- Acordo ou Convenção Coletiva, ou
- **Dedicação Exclusiva** (parágrafo único do art. 12, RGOAB) que é caracterizada por maior carga de trabalho, devendo ser considerada a jornada de 8h diárias, totalizando 40h semanais.

182. Considera-se como **período de trabalho** todo o tempo que o advogado estiver aguardando ou executando ordens, no escritório ou em atividades externas. Exemplo: Advogado permanece em uma audiência das 18h até as 20h (juiz permanece com os trabalhos mesmo avançando o horário de funcionamento do fórum, para evitar a suspensão do ato). O **advogado fará jus às horas extras**, salvo se em regime de banco de horas ou compensação de jornada.

183. **Nas atividades externas:** todas as despesas deverão ser reembolsadas (alimentação, deslocamento, hospedagem).

8.2.1. Horas extras

184. A hora excedente à jornada diária será remunerada em no mínimo 100% da hora normal (§ 2º do art. 20 do EOAB)

ATENÇÃO: Não confundir com a regra geral que é de 50%.

8.2.2. Hora noturna e adicional

185. Considera-se, para fins de Adicional noturno, o trabalho realizado das 20h às 5h. Adicional noturno = 25%

Importante: Não confundir com as regras da CLT:
• Hora Noturna: das 22h às 5h
• Adicional Noturno: 20%

186. Compilando as informações para não confundir:

	Sem Dedicação Exclusiva	Com Dedicação Exclusiva/Acordo ou Convenção Coletiva	CLT (regra geral)
Jornada diária	4h/dia	8h/dia	8h/dia + 4h/sábado
Jornada Semanal	20h semanais	40h semanais	44h semanais
Hora Noturna	A partir das 20h até às 5h do dia seguinte	Das 22h às 5h	
Adicional Noturno	25% sobre a hora noturna trabalhada		

8.2.3. Honorários de sucumbência (art. 21, EOAB)

187. Nas ações em que for parte o empregador (na condição de titular de direito ou representante) eventuais honorários de sucumbência serão devidos ao **ADVOGADO EMPREGADO** e não integra a remuneração para quaisquer fins (fins rescisórios, por exemplo). **Exceção:** No caso de **ADVOGADO EMPREGADO** por **SOCIEDADE DE ADVOCACIA** (Não é Associado e nem Sócio), os honorários de sucumbência serão partilhados entre **ADVOGADO EMPREGADO** e **SOCIEDADE**, na forma que dispor o acordo.

8.2.4. Considerações gerais

188. Art. 23, RGOAB e art. 25, NCED, **proíbe que no mesmo processo** funcione simultaneamente o advogado como **patrono** e **preposto** do empregador ou cliente.

189. O **ADVOGADO EMPREGADO** não pode ser obrigado a realizar tarefas estranhas ao contrato de trabalho. Por exemplo: Marina é advogada de determinada empresa do ramo petroquímico. Em determinada situação, seu empregador solicita que seja feito o divórcio de uma de suas filhas. Marina não estará obrigada a proceder com eventual ação de divórcio, pois dissociada de sua função (advogada da empresa). No entanto, certo que poderá aceitar o caso como uma contratação a parte.

9. HONORÁRIOS ADVOCATÍCIOS

190. É a contraprestação (a verba devida) aos serviços advocatícios realizados em favor do cliente. Deverão ser **preferencialmente** estabelecidos por escrito (instrumento particular, não necessita registro), não exigindo-se forma especial. Não obstante, o contrato deve estabelecer com clareza e precisão o objeto da contratação, os honorários devidos, a forma de pagamento e a extensão do patrocínio (quais atos estarão abrangidos – exemplo: honorário restrito à instância inferior, em caso de recursos, contratações a parte- e os valores que serão devidos em caso de transação/acordo). Vejamos algumas formas admitidas de contração de honorários:

   a) **Honorários Convencionados ou Contratuais**

   b) **Fixados por arbitramento judicial**

   c) **Sucumbenciais**

9.1. Honorários convencionados ou contratuais

191. São aqueles estabelecidos através de instrumento formal (contrato) onde serão estabelecidos os limites de atuação, a forma de pagamento, o objeto do patrocínio contrato e outras cláusulas que se fizerem necessárias, tais como relativas às despesas etc.

Atenção: Advocacia *pro bono* (NCED) é a advocacia gratuita, eventual e voluntária em favor de instituições sociais sem fins econômicos e aos seus assistidos (quando não dispuserem de recursos para contratação). Também de pessoas naturais (não assistidas por instituições sociais), que não possuam recursos para contratação particular do advogado. Não pode ser utilizada com fins políticos, partidários ou eleitorais (nem mesmo para instituições que tenham tais objetivos), tampouco como forma de publicidade para captação de clientela.

192. E o que vem a ser os honorários *QUOTA LITTIS*?

Reposta: Dentro desta espécie de honorários convencionados, consideremos a existência do chamado "honorários *quota litis*". Vejamos o motivo: O chamado "quota litis" ou no popular "porcentagem ao final da causa" está previsto no art. 50, NCED,[9] e significa que o advogado assumirá totalmente o risco da demanda, sendo que apenas lhe será devido qualquer valor a título de honorário em caso de êxito.

193.
Nesta modalidade (*quota littis*), os riscos caberão ao advogado que assumirá inclusive as despesas e custas necessárias ao deslinde da ação (Veja que na prática grande maioria dos escritórios e advogados acabam agindo de modo diverso no tocante às despesas e custas judiciais, passando à responsabilidade do cliente). Nesta modalidade, o honorário deverá ser representado por pecúnia (dinheiro), sendo que a participação em bens apenas será possível como exceção, e quando o cliente não possuir condições pecuniárias de satisfazer a obrigação com relação ao advogado contratado (deverá constar por escrito).

194.
Cada conselho seccional, ao estabelecer a tabela de honorários, fará constar inclusive as porcentagens admitidas nas ações

---

9. Art. 38, Código de Ética e Disciplina OAB de 1995 (antigo Código de Ética)

onde caibam os honorários "quota litis". Esclarecendo o motivo de considerar o *"quota litis"* localizado dentre os honorários convencionados, nesta modalidade deverá sempre ser por escrito.

> **IMPORTANTE:** o valor correspondente ao *quota litis* somado ao valor dos honorários de sucumbência fixados em decisão judicial não poderão ser superiores à quantia percebida pelo cliente.

195. Podemos sintetizar:

▶ Deverão ser **PREFERENCIALMENTE** escritos (possibilita a execução – natureza de título executivo extrajudicial)

▶ Haverá **liberdade** para avença de honorários

▶ Valor **não** deve ser **inferior** ao fixado pelas **Tabelas** editadas pelos Conselhos Seccionais (**aviltamento**)

Vantagens do Contrato Escrito:

▶ É Título Executivo **Extrajudicial**

▶ Pode ser **juntado** aos **autos** para garantia do montante a ser pago ao advogado

9.2. Honorários *quota litis*

196. Advogado assume risco, pois só receberá se houver vitória.

197. Devem ser por escrito, necessariamente

198. Devem ser representados em pecúnia (dinheiro), existindo exceção (impossibilidade financeira)

199. Honorários *quota litis* + honorários de sucumbência não podem ser superiores aos **ganhos do cliente (infração ética)**

200. Custas e Despesas processuais por conta do advogado (compõe o risco do advogado).

9.3. Honorários fixados por arbitramento judicial

201. Nas situações onde não exista a prévia convenção sobre valores que serão cobrados à atuação do advogado, poder-se-á requerer que o juiz fixe os honorários devidos através de arbitramento judicial (vejam a relevância de se estabelecer os honorários contratualmente e de forma escrita).

202. Nestes casos (de não convenção sobre os honorários), o juiz nomeará um perito (que considerando as circunstâncias, será um advogado) que irá verificar os valores estabelecidos em Tabela estabelecido pelo Conselho Seccional correspondente, o trabalho realmente despendido e o valor econômico envolvido na questão (art. 22, § 2º, EOAB e art. 49, NCED[10]).

203. Caberá ainda, ao magistrado, a observância dos seguintes aspectos como personificação do **Princípio da Moderação na fixação dos honorários advocatícios por arbitramento**:

> I – a relevância, o vulto, a complexidade e a dificuldade das questões versadas;
>
> II – o trabalho e o tempo a ser empregados;
>
> III – a possibilidade de ficar o advogado impedido de intervir em outros casos, ou de se desavir com outros clientes ou terceiros;
>
> IV – o valor da causa, a condição econômica do cliente e o proveito para este resultante do serviço profissional;

---

10. Art. 36, Código de Ética e Disciplina OAB de 1995 (antigo Código de Ética)

V – o caráter da intervenção, conforme se trate de serviço a cliente eventual, frequente ou constante;

VI – o lugar da prestação dos serviços, conforme se trate do domicílio do advogado ou de outro;

VII – a competência e o renome do profissional;

VIII – a praxe do foro sobre trabalhos análogos

9.4. Honorários sucumbenciais

204. A parte vencida (**sucumbente**) **arcará** com os **honorários sucumbenciais** que serão fixados em sentença pelo Juiz, nos limites do art. 85, CPC;

205. Importante: Nos casos onde o **valor paradigma** (da causa ou condenação) seja **irrisório** para a fixação da sucumbência o juiz, imbuído pelo **princípio da moderação**, poderá arbitrar valor mais expressivo.

206. A **execução** poderá ocorrer nos **próprios autos** (não há necessidade de promover Execução autônoma), sejam os honorários sucumbenciais bem como os por arbitramento judicial.

207. No caso de Substabelecimento **COM RESERVA** de poderes, o substabelecido só poderá cobrar honorários com a intervenção de quem lhe conferiu o Substabelecimento (art. 26, EOAB).

208. *E no caso de Substabelecimento SEM RESERVAS?*

Resposta: Poderá o advogado Substabelecente cobrar honorários proporcionais à atuação que desenvolvera na ação.

9.5. Características gerais dos honorários advocatícios

209. O contrato de honorários advocatícios é **TÍTULO EXECUTIVO EXTRAJUDICIAL** (quando escrito).

210. Os honorários advocatícios podem ser compreendidos como crédito privilegiado na falência, concordata, concurso de credores, insolvência civil e liquidação extrajudicial.

211. O direito de receber os honorários (qualquer que seja sua espécie) alcança os sucessores ou representantes em caso de falecimento ou incapacidade civil superveniente (art. 24, §2º, EOAB)

212. O STF reconheceu e, portanto, garante, o caráter alimentar dos honorários advocatícios através da Súmula Vinculante 47.

> **Atenção: Súmula Vinculante 47:** "Os honorários advocatícios incluídos na condenação ou destacados do montante principal devido ao credor, consubstanciam verba de natureza alimentar cuja satisfação ocorrerá com a expedição de precatório ou requisição de pequeno valor, observada ordem especial restrita aos créditos dessa natureza".

IMPORTANTE

213. O **STF** entendia a **inconstitucionalidade** do § 3º do art. 24 EOAB, que dispõe **ser nula qualquer disposição, cláusula, regulamento ou convenção que retire do advogado o direito ao recebimento dos honorários de sucumbência**. O fundamento era que o honorário de sucumbência é direito disponível (caráter patrimonial). Com a Súmula Vinculante, o entendimento muda uma vez que verba de natureza alimentar é **INDISPONÍVEL**.

9.6. Prazo prescricional para a ação de cobrança de honorários

214. O **prazo prescricional**, para a ação de cobrança de honorários, será de **5 (cinco) anos** a contar, como **termo inicial**, das seguintes circunstâncias:

I – do vencimento do contrato, se houver
II – do trânsito em julgado da decisão que fixou
III – da finalização do serviço extrajudicial
IV – da desistência ou transação
V – da renúncia ou revogação do mandato

215. O prazo prescricional para a propositura de **ação de prestação de contas** por parte do cliente será o mesmo, ou seja, de 5 (cinco) anos.

9.7. Título de crédito para pagamento de honorários

216. É **vedado** o pagamento com títulos de crédito de natureza mercantil (Promissória, Duplicata ou qualquer outro – art. 52, NCED[11]), podendo, apenas, ser emitida fatura, quando o cliente assim pretender cliente (o advogado, para se resguardar, deverá atentar-se para que a solicitação seja feita formalmente através de e-mail, carta, fax, mensagens eletrônicas e outros meios que possam registrar), com fundamento no contrato de prestação de serviços, a qual, porém, **não poderá ser levada a protesto.**

---

11. Art. 42, Código de Ética e Disciplina OAB de 1995 (antigo Código de Ética)

217. Pode, **todavia**, ser levado a protesto o cheque ou a nota promissória emitida pelo cliente em favor do advogado, **depois de frustrada a tentativa de recebimento amigável**.

10. INCOMPATIBILIDADES

218. São **restrições** ao exercício da Advocacia e deverão **SEMPRE** obedecer a uma prévia disposição legal, em respeito ao livre exercício profissional (art. 5, XIII, CF). Podemos dizer ser um **rol taxativo de situações** predispostas, não admitindo interpretações que visem seu alargamento.

219. Possui origem na **independência** e **decoro** profissional visando evitar a **desvantagem** exagerada em benefício daquele que teria à sua disposição cargo ou função capaz de gerar verdadeira **captação** indesejada de **clientela**, além de esmorecer a lisura de eventual cargo (como por exemplo, Serventuários da Justiça).

> **Art. 27, EOAB:**
> **Incompatibilidades:** Proibição total (art. 28, EOAB)
> **Impedimentos:** Proibição parcial (Art. 30, EOAB)

220. A **proibição** alcança todos os atos privativos da advocacia (Art. 1º, EOAB), mesmo quando em causa própria.

221. *Poderá ingressar pessoalmente em juízo?*

Resposta: Sim, nas situações de dispensabilidade de advogado e JAMAIS como advogado.

222. As incompatibilidades serão transitórias (temporárias) ou permanentes (definitivas):

a) **Transitórias ou Temporárias:** Acarretará o **LICENCIAMENTO** (art. 12, EOAB)

a) **Permanentes ou Definitivas:** Acarretará o **CANCELAMENTO** (art. 11, EOAB)

223. Para não Confundir:

MOMENTO QUE SE VERIFICA O EXERCÍCIO DE ATIVIDADE INCOMPATÍVEL	CONSEQUÊNCIA
No pedido de inscrição como ADVOGADO	Indeferimento
Após a inscrição	– **Transitório: Licença** (mantém o número de inscrição) – **Definitivo: Cancelamento** (perde o número de inscrição)

10.1. Hipóteses de incompatibilidade (art. 28, EOAB)

I – chefe do Poder Executivo e membros da Mesa do Poder Legislativo e seus substitutos legais;

224. **Chefes do Executivo**: Presidente, Governadores, Prefeitos e seus **vices**.

225. **Membros da Mesa do Legislativo e seus substitutos:** Senado Federal, Câmara de Deputados, Assembleias Legislativas e Câmara de Vereadores.

226. **Atenção**: Membros da mesa serão em regra: Presidente, Vice-Presidente e Secretários. Regimentos internos poderão alargar a composição. No entanto, por se tratar de EXAME UNIFICADO, para que seja cobrado regulamentos específicos que venham eventualmente alargar a composição, tal informação deverá ser informada, sob pena de nulidade da questão.

227. Os demais membros não são **INCOMPATÍVEIS**, mas serão **IMPEDIDOS** em algumas situações.

> *II – membros de órgãos do Poder Judiciário, do Ministério Público, dos tribunais e conselhos de contas, dos juizados especiais, da justiça de paz, juízes classistas, bem como de todos os que exerçam função de julgamento em órgãos de deliberação coletiva da administração pública direta e indireta; (Vide ADIn 1127-8)*

228. **Através da Adin 1127-8, o STF firmou o seguinte entendimento:** A incompatibilidade prevista no art. 28, II, EOAB, não atinge os juízes eleitorais oriundos da OAB (advogados), bem como os seus suplentes, desde que não sejam remunerados.

> **Observação:** Composição dos Tribunais da Justiça Eleitoral:
>
> **TSE:** "2 Ministros nomeados pelo Presidente da República a partir de duas listas, contendo 3 nomes cada, de advogados de notório saber jurídico e reputação ilibada (formação das listas é feita por indicação do STF)"[12], art. 119, II, CF
>
> **TREs:** 2 Magistrados nomeados dentre "advogados de notório saber jurídico e reputação ilibada escolhidos pelo Presidente da República a partir de duas listas tríplices formadas elo Tribunal de Justiça"[13], art. 120, III, CF
>
> *III – ocupantes de cargos ou funções de direção em Órgãos da Administração Pública direta ou indireta, em suas fundações e*

---

12. CHALITA, Savio. **Manual Completo de Direito Eleitoral**. Indaiatuba: Editora Foco, 2014, p. 99.
13. Idem, p. 101.

em suas empresas controladas ou concessionárias de serviço público;

*§ 2º **Não se incluem** nas hipóteses do inciso III **os que não detenham poder de decisão relevante sobre interesses de terceiro**, a juízo do conselho competente da OAB, bem como a administração acadêmica diretamente relacionada ao magistério jurídico.*

229. Cargo/Função DEVE ser de DIREÇÃO com **PODER DE DECISÃO SOBRE INTERESSE DE TERCEIROS.** Exemplos: Secretários de Governo, Estado, Município; Diretores de Órgãos de Fiscalização Ambiental (IBAMA)

230. São **EXCLUÍDOS da INCOMPATIBILIDADE**: Diretores de faculdades públicas de Direito

IV – ocupantes de cargos ou funções vinculados direta ou indiretamente a qualquer órgão do Poder Judiciário e os que exercem serviços notariais e de registro;

V – ocupantes de cargos ou funções vinculados direta ou indiretamente a atividade policial de qualquer natureza;

VI – militares de qualquer natureza, na ativa;

VII – ocupantes de cargos ou funções que tenham competência de lançamento, arrecadação ou fiscalização de tributos e contribuições parafiscais;

231. **Atenção:** Não basta ocupar cargo/função junto ao FISCO, é preciso que possua competência para **Lançamento, Arrecadação** ou **Fiscalização.**

VIII - ocupantes de funções de direção e gerência em instituições financeiras, inclusive privadas.

232. Gerentes ou Direção de Bancos (pode ser qualquer um, não é necessário que seja público ou de economia mista). **Esta incompatibilidade alcança as instituições de crédito.**

Atenção aos seguintes pontos:

233. A incompatibilidade é para gerentes e diretores, não alcança BANCÁRIOS.

234. A incompatibilidade permanece ainda que o indivíduo ocupante de cargo ou função deixe de exercê-lo temporariamente – § 1º do art. 28, EOAB;

235. Os atos processuais praticados por pessoa que exerça atividade incompatível com a advocacia serão considerados NULOS (INEXISTENTE, "NATIMORTO") – Parágrafo Único do art. 4º, EOAB.

236. As incompatibilidades são as mesmas àqueles que pretendam se inscrever como Estagiários junto a OAB. Exemplo clássico que costumeiramente aparece em provas é a do militar na ativa que, concluindo o curso de direito passa a exercer estágio profissional. O militar pode ser estagiário, o que não pode é se inscrever como estagiário (e claro, na mesma razão, como advogado), pois diante de atividade INCOMPATÍVEL com a advocacia.

11. IMPEDIMENTOS

237. **Proibição Parcial** para o exercício da advocacia, de limitação variável (diferentemente do que ocorre nas incompatibilidades, onde a proibição é total);

238. ATENÇÃO: *E se a pessoa exercer atividade geradora de impedimento no momento do pedido de inscrição?*

Resposta: O impedimento NÃO GERA INDEFERIMENTO. A inscrição será **deferida** e a circunstância limitadora será averbada nos assentamentos do registro do advogado.

239. *E se o IMPEDIMENTO ocorre apenas após a inscrição?*

Resposta: O advogado **deverá informar** tal situação ao **Conselho Seccional** onde esteja inscrito, informando acerca da função desempenhada.

240. Os **atos que extrapolarem** a limitação serão considerados **nulos**.

I – os servidores da administração direta, indireta e fundacional, contra a Fazenda Pública que os remunere ou à qual seja vinculada a entidade empregadora;

241. IMPORTANTE: Vejamos quem podemos "enquadrar" como servidor público para fins de aplicação da limitação:

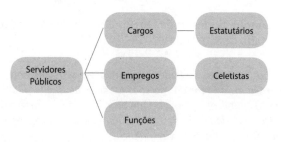

242. Aos servidores é imposto a limitação parcial ao exercício da advocacia contra a Fazenda Pública que seja responsável por sua remuneração ou "à qual esteja vinculada a entidade pagadora".

Tomemos como exemplo o município de São Paulo: O Procurador Municipal do município de São Paulo, advogado público concursado, é autorizado a advogar para particulares quando não no exercício de suas atribuições funcionais.

No entanto, é necessário que seja observado a limitação parcial ao exercício da advocacia em face da Prefeitura de São Paulo ou mesmo da demais estrutura que esteja "ligada" a esta Fazenda (responsável pela remuneração do procurador). Veja abaixo exemplo de órgãos a que referido Procurador estaria impedido de postular em desfavor:

Parágrafo único. Não se incluem nas hipóteses do inciso I os docentes dos cursos jurídicos.

243. **Exemplo:** Professor de Direito UNESP[14] poderá advogar em face do Estado de São Paulo.

*II – os membros do Poder Legislativo, em seus diferentes níveis, **contra ou a favor** das pessoas jurídicas de direito público, empresas públicas, sociedades de economia mista, fundações públicas, entidades paraestatais ou empresas concessionárias ou permissionárias de serviço público*

244. Já verificamos que existe a **INCOMPATIBILIDADE** de exercício da advocacia àqueles ocupantes da mesa dos poderes legislativos (*vide* item anterior). ***E com relação aos demais parlamentares?***

---
14. UNESP= Universidade Estadual Paulista

Resposta: Quanto a eles observamos **IMPEDIMENTO** de que exerçam a advocacia (ou atividades privativas da advocacia) quando contra ou a favor de pessoas jurídicas de direito público empresas públicas, sociedades de economia mista, fundações públicas, entidades paraestatais ou empresas concessionárias ou permissionárias de serviço público.

245. Tais pessoas Jurídicas, referidas na dica anterior, são aquelas vinculadas a qualquer um dos entes indicados na coluna da direita, enquanto o **IMPEDIMENTO** recairá sobre os advogados inscritos e enquanto ocuparem cargos públicos eletivos elencados na coluna da esquerda.

11.1. Advocacia pública (art. 29, EOAB)

246. Não é IMPEDIMENTO e nem INCOMPATIBILIDADE, mas sim uma restrição *sui generis*.

> *Art. 29. Os Procuradores Gerais, Advogados Gerais, Defensores Gerais e dirigentes de órgãos jurídicos da Administração Pública direta, indireta e fundacional são **exclusivamente** legitimados para o exercício da advocacia vinculada à função que exerçam, durante o período da investidura.*

247. Ainda que a Lei Orgânica/Estatuto da carreira autorize a advocacia (considerando o impedimento do art. 30, I, EOAB) os ocupantes destes cargos (de DIREÇÃO GERAL) possuem a restrição de atuação do art. 29, EOAB:

- **PGE/PGM**
- **AGU**
- **DPGE/ DPGF**
- **Diretores Jurídicos da Administração Pública (Direta, Indireta e Fundacional)**

12. SANÇÕES E INFRAÇÕES DISCIPLINARES

12.1. Sanções disciplinares

248. Estão previstas nos artigos 36 a 39 do EOAB.

249. As sanções, aplicadas após o trânsito em julgado da decisão respectiva, serão informadas ao Conselho Seccional respectivo para registro no assentamento do advogado inscrito.

250. Poderão ser objeto de publicidade, exceto a de Censura.

251. **São 4 (quatro) as sanções:**
   a) Censura
   b) Suspensão
   c) Exclusão
   d) Multa

12.2. Censura (art. 36, EOAB)

252. A mais branda das sanções. **Não admite publicidade.** Será cabível quando:

a) infrações definidas nos incisos I a XVI e XXIX do art. 34;

b) violação a preceito do Código de Ética e Disciplina;

c) violação a preceito do EOAB, quando para a infração não se tenha estabelecido sanção mais grave.

12.2.1. Infrações puníveis com censura (art. 34, I a XVI e XXIX, EOAB)

I – exercer a profissão, quando impedido de fazê-lo, ou facilitar, por qualquer meio, o seu exercício aos não inscritos, proibidos ou impedidos;

253. Lembrar das Incompatibilidades e Impedimentos

254. Pessoa não inscrita que "*faz a petição e outro advogado assina*".

II – manter sociedade profissional fora das normas e preceitos estabelecidos nesta lei;

255. Lembrar: Sociedade de Advogados e os requisitos trazidos pela norma (indicações no capítulo específico sobre o tema).

*III – valer-se de **agenciador de causas**, mediante participação nos honorários a receber;*

256. Situação que, infelizmente, é rotineira na advocacia. Nestes casos é feito um ajustamento de comissão por cliente/casos angariados pelo "agenciador".

IV – angariar ou captar causas, com ou sem a intervenção de terceiros;

257. Trata-se da captação abusiva de clientela. Exemplo: Enviando cartas, ligando, enviando e-mails, visitas com o propósito de captação de clientela.

V – assinar qualquer escrito destinado a processo judicial ou para fim extrajudicial que não tenha feito, ou em que não tenha colaborado;

*VI – advogar contra literal disposição de lei, **presumindo-se a boa-fé quando** fundamentado na **inconstitucionalidade**, na **injustiça da lei** ou em **pronunciamento judicial anterior**;*

258. Observar a exceção trazida pelo próprio texto normativo que afirma dever existir a presunção de boa-fé quando a atuação contrária à disposição legal ocorrer com fundamento na inconstitucionalidade, inaplicabilidade da legislação por considera-la injusta ou mesmo quando fundar em jurisprudência no sentido da tese que se defenda.

VII – violar, sem justa causa, sigilo profissional;

259. Sigilo Profissional: Arts. 35 ao 38, NCED.[15] *Vide* capítulo específico

VIII – estabelecer entendimento com a parte adversa sem autorização do cliente ou ciência do advogado contrário;

260. **Atenção:** Não se exige **CONCORDÂNCIA** do advogado, mas sim apenas sua **ciência**. De modo contrário, quando se tratar de entendimento que vier a ocorrer entre os advogados constituídos, será necessário que exista expressa AUTORIZAÇÃO do cliente.

IX – prejudicar, por culpa grave, interesse confiado ao seu patrocínio;

261. Perda de prazo; desídia profissional, de modo geral.

---

15. Artigos 25 ao 27, Código de Ética e Disciplina OAB de 1995 (antigo Código de Ética)

X – acarretar, conscientemente, por ato próprio, a anulação ou a nulidade do processo em que funcione;

*XI – abandonar a causa **sem justo motivo** ou antes de decorridos dez dias da comunicação da renúncia;*

*XII – recusar-se a prestar, **sem justo motivo**.[16] assistência jurídica, quando nomeado em virtude de impossibilidade da Defensoria Pública;*

*XIII – fazer publicar na imprensa, **desnecessária e habitualmente**, alegações forenses ou relativas a causas pendentes;*

262. Advogado fica divulgando sua atuação, suas alegações, audiências que está participando. Certamente, caro(a) futuro(a) colega, você já deve ter se deparado com algumas publicações nas redes sociais com este teor de conteúdo. É o "ego inflado" profissional nas redes sociais, até mesmo na advocacia.

*XIV – **deturpar o teor** de dispositivo de **lei**, de citação **doutrinária** ou de **julgado**, bem como de **depoimentos**, **documentos** e **alegações** da parte contrária, **para confundir o adversário ou iludir o juiz da causa**;*

263. Infelizmente também é possível dizer que não é algo raro na advocacia. Isso demanda do advogado enorme destreza e habilidade em conhecer bem o posicionamento dos tribunais ou mesmo conferir cada citação (quando for o caso e de impacto relevante ao deslinde do caso). Confesso, como já declinado em aulas, já ter me deparado por mais de vezes tal situação.

XV – fazer, em nome do constituinte, sem autorização escrita deste, imputação a terceiro de fato definido como crime;

---

16. **ATENÇÃO:** Quando devidamente justificado pelo advogado, tal recusa não consubstanciará infração.

XVI – deixar de cumprir, no prazo estabelecido, determinação emanada do órgão ou de autoridade da Ordem, em matéria da competência desta, depois de regularmente notificado;

264. Notificação da OAB determinando apresentação de documentos, por exemplo.

XXIX – praticar, o estagiário, ato excedente de sua habilitação.

265. Atos possíveis de serem cometidos pelo Estagiário estão dispostos no art. 29, RGOAB

12.3. Circunstâncias atenuantes e conversão da censura em advertência (parágrafo único do art. 36, EOAB e art. 40, EOAB)

Art. 36. [...]
*Parágrafo único. A censura **pode ser convertida** em advertência, **em ofício reservado, sem registro nos assentamentos do inscrito**, quando presente **circunstância atenuante.***

266. Trata-se de vantagem ao advogado que sofrerá a sanção, uma vez que se na Censura o sigilo, mesmo após o trânsito em julgado do procedimento administrativo, já era de grande valia, aqui, além desta característica não haverá qualquer registro nos assentamentos do advogado (o que na censura ocorreria).

267. Mas quais são as Circunstâncias Atenuantes?

Resposta: Estão elas dispostas no art. 40, EOAB:

I – falta cometida na defesa de **prerrogativa profissional**;

II – ausência de punição disciplinar anterior; (Primariedade)

III – **exercício assíduo** e proficiente de mandato ou cargo em qualquer órgão da **OAB**;

IV – prestação de **relevantes serviços** à advocacia ou à causa pública.

12.4. Suspensão temporária da censura ou advertência (art. 71, IV, NCED[17])

► Considerada a natureza da infração ética cometida, o Tribunal pode **suspender temporariamente** a aplicação das penas de advertência e censura impostas, **desde que** o infrator primário, dentro do prazo de **120 dias**, passe a **frequentar e conclua**, comprovadamente, curso, simpósio, seminário ou atividade equivalente, sobre Ética Profissional do Advogado, realizado por entidade de notória idoneidade.

12.5. Suspensão

268. A suspensão acarreta a interdição do exercício profissional, em todo o território nacional;

► **Poderá ser por prazo:**

► **DETERMINADO**: pelo prazo de 30 dias a 12 meses; Regra de aplicação.

► **INDETERMINADO**: quando da necessidade de satisfação integral de obrigação, inclusive com correção monetária quando for o caso. Em apenas 3 casos.

► **Será aplicada quando:**

► Cometidas as infrações dos incisos XVII a XXV, do art. 34, EOAB;

---

17. Art. 59, Código de Ética e Disciplina OAB de 1995 (antigo Código de Ética)

▶ Reincidência na prática de condutas punidas com censura.

269. Se a reincidência não for pela pratica da **mesma conduta**, não acarretará suspensão, mas, tão somente, elemento agravante de penalização (não terá a primariedade, art. 40, EOAB)

270. Obriga o inscrito na apresentação do seu documento de identificação (carteira de advogado) à OAB, para que realize a retenção durante o prazo a que for condenado.

> *XVII – prestar **concurso** a **clientes** ou a **terceiros** para realização de ato **contrário à lei** ou **destinado a fraudá-la;***
>
> *XVIII – solicitar ou receber de **constituinte** qualquer **importância** para aplicação ilícita ou desonesta;*
>
> *XIX – receber **valores**, da parte contrária ou de terceiro, relacionados com o objeto do mandato, sem expressa **autorização** do constituinte;*
>
> *XX – **locupletar-se**, por qualquer forma, **à custa** do cliente ou da parte adversa, por si ou interposta pessoa;*
>
> *XXI – **recusar-se,** injustificadamente, a prestar contas ao cliente de **quantias recebidas** dele ou de terceiros por conta dele;*
>
> *XXII – **reter**, abusivamente, ou **extraviar** autos recebidos com vista ou em confiança;*
>
> *XXIII – **deixar de pagar as contribuições**, multas e preços de serviços devidos à OAB, depois de regularmente notificado a fazê-lo;*
>
> *XXIV – incidir em erros reiterados que evidenciem **inépcia** profissional;*
>
> *XXV – manter conduta incompatível com a advocacia;*
>
> *a) prática reiterada de jogo de azar, não autorizado por lei;*
>
> *b) incontinência pública e escandalosa;*
>
> *c) embriaguez ou toxicomania **habituais**.*

271. DICA PARA GUARDAR (Suspensão)

$USPENSÃO (XVIII, XIX, XX, XXI, XXIII)
FREI JADE (XVII, XXII, XXIV XXV)

Fraude à Lei
Retenção Abusiva de autos
Extravio de autos
Inépcia por erros

Jogos
Álcool
Drogas
Escândalo

12.6. Quanto ao prazo da suspensão

272. Prazo Indeterminado: mínimo 30 dias, até cumprir a obrigação necessária.

a) Recusa injustificada na prestação de contas ao cliente por quantias recebidas (XXI).

▶ Até que o advogado preste as contas, satisfazendo integralmente a dívida, acrescida de correção monetária.

– Inciso XXI do art. 34 e art. 37, § 2º, EOAB

b) Inadimplência com as Contribuições, Multas e Preços de Serviços devidos à OAB, após ser regularmente notificado.

▶ Até que o advogado quite a dívida, acrescida de correção monetária

– Inciso XXIII do art. 34 e art. 37, § 2º, EOAB

c) Incidir em erros reiterados que evidenciem inépcia profissional

▶ Cessará a suspensão após o advogado prestar <u>novas provas de habilitação</u> (deverá ser aprovado no Exame de Ordem)

– Inciso XXIV do art. 34 e art. 37, § 3º, EOAB

12.7. Exclusão (art. 38, EOAB)

273. Será sanção aplicada ao cometimento das infrações dos incisos **XXVI**, **XXVII** e **XXVIII** do art. 34, EOAB.

274. Acarretará o Cancelamento da Inscrição de Advogado (art. 11, EOAB).

275. **Vedação** ao exercício da advocacia.

276. Sanção aplicada pelo **Conselho Seccional** competente por **2/3 de seus membros** (Atenção, não é o Tribunal de Ética!)

*XXVI – fazer **falsa prova** de qualquer dos requisitos para inscrição na OAB;*

*XXVII – tornar-se moralmente **inidôneo** para o exercício da advocacia;*

*XXVIII – praticar **crime** infamante;*

277. **Importante:** Admite-se a **REABILITAÇÃO** do advogado (vide *capítulo de dicas de* processo disciplinar)

12.8. Multa (art. 39, EOAB)

278. Será SEMPRE acessória, aplicável cumulativamente com Censura ou Suspensão (não se cumula com exclusão);

279. Incidirá quando existir AGRAVANTES (ex.: advogado reincidente em infração ética)

280. O valor poderá variar de 1 a 10 vezes a anuidade do Conselho Seccional correspondente.

281. Valor pago a título de multa será revertido em favor do Conselho Seccional.

13. PROCESSO DISCIPLINAR (ARTIGOS 68 A 77, EOAB; ARTIGOS 55 A 69, NCED[18]; ARTIGOS 120; 137-D, 138 AO 144-A, RGOAB)

282. Aplica-se subsidiariamente ao processo disciplinar, as regras da Legislação Processual Penal Comum.

Exemplo: natureza e cabimento das provas em processo disciplinar

283. IMPORTANTE: Aos <u>processos não disciplinares</u> (Processos Comuns, de natureza administrativa), aplicam-se as regras de Processo Administrativo e Processo Civil.

13.1. Competência para punir

284. Competência para punir será do **Conselho Seccional** do local onde fora praticada a infração.

Exemplo:

– José é advogado inscrito na OAB/MG. Comete infração disciplinar no estado do ACRE.

– **Competência de punir:** OAB/AC, que após o trânsito em julgado do processo disciplinar, comunica a OAB/AC para registro nos assentamentos do advogado José.

---

18. Art. 49 e seguintes, Código de Ética e Disciplina OAB de 1995 (antigo Código de Ética)

13.1.1. Exceção à regra de competência

285. A Competência de punir será do **CONSELHO FEDERAL** quando:
   a) Infração praticada perante o Conselho Federal
   b) Infrator membro do Conselho Federal
   c) Infrator presidente de Conselhos Seccionais

13.2. Competência disciplinar (JULGAMENTO)

286. Após devidamente instruído pelas (Subseções ou Relatores do Conselho Seccional) a competência de julgamento será da TED (Tribunal de Ética e Disciplina);

> "É possível que os Conselhos Seccionais instituam Comissões de Admissibilidade junto aos TEDs de representações ético disciplinares, podendo inclusive propor arquivamento liminar, a ser composta por seus próprios membros ou Conselheiros Seccionais."

287. Conselho Seccional registra a penalidade nos assentamentos do advogado **ou** comunica o Conselho Seccional do advogado punido para registro.

13.3. Prazos nos processos perante a OAB

288. Todos os prazos (seja para manifestação de advogados, estagiários ou terceiros) **será sempre de 15 dias**. Até mesmo para recursos.

289. A contagem do prazo se dará no **primeiro dia útil seguinte** ao ato que deu ciência (Recebimento do Ofício; Recebimento da Notificação Pessoal; Publicação pela Imprensa Oficial)

290. CUIDADO: No caso de notificação pessoal, não se conta da juntada, mas do ATO QUE DEU CIÊNCIA.

13.4. Suspensão preventiva do advogado

291. Não se confunde com a sanção de SUSPENSÃO, que é aplicada após o trânsito em julgado do processo disciplinar;

292. Possui caráter temporário e cautelar (90 dias, no máximo).

293. Cabimento: Quando a conduta do advogado gerar repercussão prejudicial à dignidade da advocacia (art. 70, § 3º, EOAB);

294. Competência: TED do local de inscrição do advogado (exceção à regra de competência territorial do processo disciplinar);

295. Procedimento a ser adotado: Tribunal de Ética e Disciplina (TED) irá notificar o advogado para que preste esclarecimentos em sessão especial;

    a) Se o advogado não comparecer: Será nomeado defensor dativo e a suspensão preventiva será imposta.

    b) Se o advogado comparecer e seus esclarecimentos não forem suficientes: imposição preventiva será imposta.

296. Caberá Recurso da Decisão? Resposta: Da decisão proferida pela TED caberá Recurso ao Conselho Seccional correspondente.

13.5. Sigilo no processo disciplinar

297. Processo tramitará em sigilo (acesso apenas às partes, ao órgão julgador e à autoridade judicial competente – quando necessário). O sigilo abarca proteção a todas a peças do procedimento além certidões informativas de andamento ou existência

298. ATENÇÃO:
- ▶ Transitada em julgado o processo disciplinar:
- • Se aplicada pena de **Censura**: Sigilo permanece

- Se aplicada pena de **Suspensão** ou **Exclusão**: Haverá publicidade quanto à aplicação da sanção. Intenção também é evitar que pessoas venham a contratar advogado que esteja SUSPENSO ou EXLUÍDO.

Justificativa: parágrafo único do art. 35, EOAB.

299. Etapas do Processo:

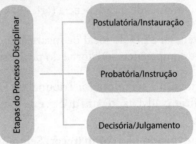

13.5.1. Etapa postulatória/instauração

300. A instauração do procedimento poderá ser iniciada das seguintes formas:

a) De ofício:

► A OAB (Conselho Seccional) poderá deflagrar o processo disciplinar de ofício quando tomar conhecimento da infração ética cometida. Em razão de conhecimento do fato, quando obtido por meio de fonte idônea ou em virtude de comunicação da autoridade competente.

► Não se considera fonte idônea a que consistir em denúncia anônima.

► **Lembrando**: Competência será do local da infração

b) Mediante representação de qualquer autoridade ou pessoa interessada:

► Vedado o anonimato (Representação **APÓCRIFA**)

▶ Poderá ser feita oralmente, reduzida a termo e colhida a assinatura do Representante.

13.5.2. Etapa probatória/instrutória

301. Recebida a representação, será designado RELATOR, a quem competirá instruir e oferecer parecer preliminar ao TED. **O RELATOR** poderá:

a) Opinar pelo **ARQUIVAMENTO LIMINAR (sem julgamento de mérito)** quando a Representação for desprovida dos pressupostos mínimos de admissibilidade. Ex.: Identificação do infrator, do representante, descrição da infração;

b) Admitida a Representação, o Representado será notificado para apresentação de DEFESA PRÉVIA.

302. A manifestação do relator será encaminhada ao Presidente do Conselho Seccional que irá decidir sobre o Arquivamento.

303. **Atenção:** RELATOR **NÃO ARQUIVA**, apenas o Presidente do Conselho Seccional (dica interessante é lembrar do procedimento quanto ao Inquérito Policial. O delegado, que é quem RELATA referida peça informativa, não arquiva, mas tão somente o juiz).

304. Números importantes:
▶ Prazo de 15 dias (**pode** ser prorrogado pelo Relator).
▶ Poderá arrolar até 5 testemunhas
▶ Se não apresentar **DEFESA PRÉVIA** será nomeado defensor dativo para ofertar defesa.

305. **Atenção:** Não haverá efeitos da revelia (presunção de veracidade dos fatos da Representação). Após, será o momento de o Relator proferir **DESPACHO SANEADOR** ("passa a régua", corrige eventuais irregularidades até aquele momento);

b.1) Despacho Saneador

306. Proferido o despacho saneador, o relator poderá **OPINAR** pelo **INDEFERIMENTO LIMINAR DO PROCESSO,** que será decidido pelo Presidente do Conselho Seccional.

Atenção: Julgamento que extingue o processo com resolução do mérito;

307. Poderá também, o Relator, designar **audiência** para colheita de prova oral (Depoimentos das partes e testemunhas arroladas). Após, apresentação de **Razões Finais** (Representante + Representado);

308. Com a conclusão dos autos, será elaborado um **PARECER PRELIMINAR** pelo Relator a ser encaminhado ao TED, para **julgamento**.

13.5.3. Etapa decisória/julgamento

309. Recebido o **PARECER PRELIMINAR**, o Presidente da **TED** irá designar um Relator;

310. Após 20 dias de seu **recebimento**, será incluída na primeira sessão de julgamento, salvo se o relator determinar diligências;

311. Representado será notificado com antecedência de 15 dias para **defesa oral** na respectiva sessão que o processo estiver em pauta;

312. Importante: Defesa oral (sustentação) será feita após a leitura do relatório do relator, pelo prazo de 15 minutos;

313. Após defesa oral, serão proferidos os votos do relator e dos demais membros do **TED**.

314. Com os votos declarados, ter-se-á o julgamento por **maioria de votos.**

315. IMPORTANTE: Quórum de votos para aplicação de sanções disciplinares:

    a) Maioria de votos: Pena de Censura e Suspensão

    b) Maioria qualificada de 2/3: Pena de Exclusão

▶ Após a sessão de julgamento, os autos seguirão para a lavratura de Acórdão para que seja publicado no órgão de imprensa oficial do **CONSELHO SECCIONAL** respectivo (art. 61, NCED[19]).

13.6. Recursos

316. Caberá recurso das decisões terminativas, não sendo admitidas das decisões interlocutórias (no curso do processo administrativo);

317. Quanto aos efeitos, será sempre o duplo efeito (suspensivo + devolutivo), exceto nas seguintes situações:

    a) Eleições

    b) Suspensão preventiva do advogado decidida pelo TED

    c) Cancelamento da inscrição obtida com falsa prova de requisitos do art. 8º, EOAB.

318. Quanto à espécie, serão inominados, além dos Embargos de Declaração, e SEMPRE no prazo de **15 dias** (inclusive nos EMBARGOS, atenção para não confundir com o prazo no processo civil ou penal!)

319. Atenção: Recursos apresentados VIA FAX, a juntada das razões originais deverão ser apresentadas em **10 dias** (Não se trata de prazo recursal de 10 dias, pois a apresentação via fax obedece ao prazo de 15 dias).

---

19. Art. 56, §5°, Código de Ética e Disciplina OAB de 1995 (antigo Código de Ética)

320. Quanto a competência para julgamento:

a) **Conselho Seccional:** das decisões proferidas pelo seu Presidente, TED, diretorias de subseções ou da Caixa de Assistência do Advogado;

b) **Conselho Federal:** das decisões proferidas pelo Conselho Seccional quando:

I – não sejam unânimes;

II – unânimes, mas que contrariem EOAB, CED, Provimentos, decisões do Conselho Federal ou demais Conselhos Seccionais;

> **Importante:** Nos embargos de declaração, a competência será do próprio órgão que proferiu a decisão.

14. REVISÃO (ART. 73, § 5º, EOAB)

321. Semelhante à ação rescisória ou revisão criminal (poderá ser requerida apenas após o trânsito em julgado). Será permitida quando a decisão do processo disciplinar resultar de **erro de julgamento** ou **falsa prova**. Diferentemente da Ação Rescisória ou Revisão Criminal, não há prazo.

> "O pedido não terá efeito suspensivo, salvo quando o relator, pela relevância dos fundamentos e risco de consequências irreparáveis para o requerente, conceder tutela cautelar com esta finalidade."

322. A competência será do órgão que proferiu a decisão que transitou em julgado. Quanto a legitimidade, será apenas do advogado que tenha sido punido.

15. REABILITAÇÃO (ART. 41, EOAB)

323. Visa cancelar os registros feitos em seu assentamento, quanto às sanções aplicadas (efeitos secundários da sanção). Como pressuposto de admissibilidade, é necessário que tenha decorrido 1 ano do cumprimento da sanção, além da necessidade de se fazer prova de bom comportamento (que não mais praticou outras infrações após sua condenação)

> **IMPORTANTE:** se a infração decorrer da prática de crime, haverá o pressuposto objetivo de que o advogado obtenha prévia REABILITAÇÃO CRIMINAL (art. 93, CP)

16. PRESCRIÇÃO DA INFRAÇÃO DISCIPLINAR

> **Antes do Processo Disciplinar:** Prazo de 5 anos; a partir do momento que a OAB constata OFICIALMENTE a prática de infração ética e se mantém inerte.
>
> **Durante o processo: Prazo de 3 anos;** havendo paralisação ou inércia

17. PUBLICIDADE NA ADVOCACIA

324. Contrariamente ao que anunciado por muitos desavisados, a **publicidade** na advocacia é **PERMITIDA** (art. 39 a 47, NCED[20]), no entanto, com um regramento próprio e peculiar. Uma premissa de grande relevância, ao estudarmos ou nos depararmos com uma questão sobre este assunto, é o fato de que a Advocacia deve sempre ser privada de práticas comerciais ou que remetam a ideia de "**mercado de consumo**".

325. "Art. 39. A publicidade profissional do advogado tem caráter meramente informativo e deve primar pela discrição e sobriedade, não podendo configurar captação de clientela ou mercantilização da profissão."

---

20. Arts. 28 ao 34, Código de Ética e Disciplina OAB de 1995 (antigo Código de Ética)

326. A publicidade na advocacia vem regulamentada pelo Provimento 94/2000 e pelos novos dispositivos no CED (arts. 39 ao 47 do NCED[21]).

327. A publicidade do advogado tem caráter **meramente informativo** e deve primar pela discrição e sobriedade, não podendo configurar captação de clientela ou mercantilização da atividade da advocacia.

328. São **vedados** os seguintes **meios** de publicidade: veiculação por rádio, televisão e cinema; uso de outdoors, painéis luminosos ou formas assemelhadas; inscrições em muros, paredes, veículos, elevadores ou em qualquer espaço público; a divulgação de serviços de advocacia em conjunto com a de outras atividades ou mesmo a indicação de vínculo entre elas (a atividade de advocacia e a outra estranha. Exemplo: Advocacia e corretagem de imóveis); a utilização de mala direta, distribuição de panfletos ou formas semelhantes (que visem à captação de clientela).

329. **São meios lícitos** de publicidade da advocacia (art. 3º, Provimento 94/2000, CFOAB):

a) a utilização de cartões de visita e de apresentação do escritório, contendo, exclusivamente, informações objetivas;

b) a placa identificativa do escritório, afixada no local onde se encontra instalado;

c) o anúncio do escritório em listas de telefone e análogas;

d) a comunicação de mudança de endereço e de alteração de outros dados de identificação do escritório nos diversos meios de comunicação escrita, assim como por meio de mala-direta aos colegas e aos clientes cadastrados;

---

21. Idem

e) a menção da condição de advogado e, se for o caso, do ramo de atuação, em anuários profissionais, nacionais ou estrangeiros;

f) a divulgação das informações objetivas, relativas ao advogado ou à sociedade de advogados, com modicidade, nos meios de comunicação escrita e eletrônica.

330. Toda publicidade **deverá obedecer** alguns requisitos: **DISCRIÇÃO, MODERAÇÃO e CARÁTER MERAMENTE INFORMATIVO.**

331. Os anúncios de publicidade de serviços de advocacia devem sempre indicar o **nome** do **advogado, nome social (Resolução 07/2016**[22]**)** ou da **sociedade** de advogados com o respectivo **número** de **inscrição** ou de **registro**; devem, também, ser redigidos em **português** ou, se em outro idioma, fazer-se acompanhar da respectiva **tradução**.

332. São **admitidos** como **veículos** de **informação** publicitária da **advocacia**:

a) Internet, fax, correio eletrônico e outros meios de comunicação semelhantes;

b) revistas, folhetos, jornais, boletins e qualquer outro tipo de imprensa escrita;

c) placa de identificação do escritório;

d) papéis de petições, de recados e de cartas, envelopes e pastas.

333. Não são admitidos como veículos de publicidade da advocacia:

a) rádio e televisão;

---

22. Publicada no dia 05.07.2016, cuja vigência é de 180 dias após sua publicação.

b) painéis de propaganda, anúncios luminosos e quaisquer outros meios de publicidade em vias públicas;
c) cartas circulares e panfletos distribuídos ao público;
d) oferta de serviços mediante intermediários.

334. Veículos de publicidade: a MODERAÇÃO, DISCRIÇÃO e FINALIDADE INFORMATIVA são atributos obrigatórios em qualquer um. São eles:

335. Veículos de publicidade permitidos (art. 3º, Prov. 94/2000)
a) Anúncios (listas telefônicas e análogas)
b) Placas de identificação (Placa de Escritório)
c) Papéis timbrados (sulfite, envelopes, pastas)
d) Mala direta para clientes ou amigos (informar alterações de endereço ou de contato)
e) Cartões profissionais (cartões de visita)
f) Placa indicativa do escritório
g) Anuários profissionais
h) Meio de comunicação escrita e eletrônica (com modicidade)

336. Vedações:

▶ Menção a clientes ou a assuntos profissionais e a demandas sob seu patrocínio;

▶ Referência, direta ou indireta, a qualquer cargo, função pública ou relação de emprego e patrocínio que tenha exercido;

▶ Emprego de orações ou expressões persuasivas, de autoengrandecimento ou de comparação;

▶ Divulgação de valores dos serviços, sua gratuidade ou forma de pagamento;

▶ Oferta de serviços em relação a casos concretos e qualquer convocação para postulação de interesses nas vias judiciais ou administrativas;

- Veiculação do exercício da advocacia em conjunto com outra atividade;
- Informações sobre as dimensões, qualidades ou estrutura do escritório;
- Informações errôneas ou enganosas;
- Promessa de resultados ou indução do resultado com dispensa de pagamento de honorários;
- Menção a título acadêmico não reconhecido;
- Emprego de fotografias e ilustrações, marcas ou símbolos incompatíveis com a sobriedade da advocacia;
- Utilização de meios promocionais típicos de atividade mercantil.

337. Dados obrigatórios a constarem no anúncio: nome completo, nome social ou da sociedade de advogados, número de inscrição na OAB (ou da sociedade de advogados, se esta for a inscrição na placa).

338. Dados permitidos a constarem no anúncio:
- Referência a títulos acadêmicos;
- Distinções honoríficas relacionadas à sua atuação profissional;
- Especializações;
- Endereço, *e-mail*, site, página eletrônica, *QR code*;
- Logotipo do escritório e foto das instalações;
- Horário do expediente;
- Idiomas em que o cliente poderá ser atendido.

339. Manifestações Públicas do Advogado (art. 8º, Provimento 94/2000)

- Nas aparições estranhas à atividade da advocacia deve o advogado abster-se de:

▶ Analisar casos concretos, salvo quando arguido sobre questões em que esteja envolvido como advogado constituído;

▶ Responder, com habitualidade, a consultas sobre matéria jurídica por qualquer meio de comunicação;

▶ Debater causa sob seu patrocínio ou sob patrocínio de outro advogado;

▶ Comportar-se de modo a realizar promoção pessoal;

▶ Insinuar-se para reportagens e declarações públicas;

▶ Abordar tema de modo a comprometer a dignidade da profissão e da instituição que o congrega.

340. A **participação** do Advogado em **programas** de TV/Rádio ou qualquer outro meio de comunicação deve **limitar-se** a entrevistas ou a exposições sobre assuntos jurídicos de interesse geral, visando a objetivos **exclusivamente ilustrativos**, educacionais e instrutivos para esclarecimento dos destinatários.

341. Frases e Expressões **vedadas** nos anúncios de advocacia:

▶ *Resolva a revisão de sua aposentadoria*
▶ *Recupere o compulsório dos combustíveis*
▶ *Regularização de imóveis, sem despesas*
▶ *Consulta grátis*
▶ *Selo comemorativo dos 20 anos do escritório*
▶ *Cliente fidelidade*

18. SIGILO PROFISSIONAL

342. O Advogado tem o dever de guardar sigilo dos fatos de que tome conhecimento no exercício da profissão, abrangendo também os fatos de que tenha tido conhecimento em virtude de função exercida junto a OAB. O sigilo profissional é de ordem pública, independendo de solicitação de reserva que lhe seja feita pelo cliente.

343. O advogado, quando no exercício das **funções de mediador, conciliador e árbitro, se submete às regras de sigilo profissional**.

344. Dever intransponível do advogado, salvo as exceções expressas no CED, ou seja, não é **ABSOLUTO**, existindo exceções em que se autoriza "revelar" segredos e confidências, mesmo que em razão da atividade:

a) **Grave ameaça à vida**
▶ Própria ou de terceiros, independentemente do vínculo.
"Doutor, vou matar a minha sogra"
"Doutor, matei a minha sogra"

b) **Casos em que envolva a defesa própria do advogado,** nos exatos limites de sua defesa e não um rompimento de sigilo **AMPLO**.

Exemplo: João e Maria assaltam o Banco X e são presos em flagrante. João possui advogado, em razão de inúmeras demandas (roubo, furto, tráfico etc. Todas confessadas apenas ao advogado). Na delegacia confessa ao seu advogado a razão do crime (usar o dinheiro para pagar dívida com o tráfico). Ao ser ouvido, João tenta se esquivar do assalto dizendo que só praticara o crime por exigência do advogado, para pagamento de seus honorários mensais.

Assim, o advogado poderá quebrar o sigilo apenas quanto aos limites de sua defesa (Assalto + dívida com o tráfico). Não poderá revelar a autoria de outros crimes (assumidas apenas ao advogado, em circunstâncias pretéritas).

18.1. Violação do sigilo profissional (arts. 34, VII, e 36, I, EOAB).

345. Violação sem justa causa = Sanção de Censura

Art. 34. Constitui infração disciplinar: (...) VII – violar, **sem justa causa**, sigilo profissional;	Art. 36. A **censura** é aplicável nos casos de: I – infrações definidas nos **incisos I a XVI e XXIX do art. 34**;

18.2. Depoimento testemunhal do advogado

346. Ser testemunha de um fato presume sua possibilidade de ser arrolado nesta condição, ainda que advogado. No entanto, como já discutido em capítulos anteriores, deverá o profissional abster-se de revelar segredos/confidências/informações de que tenha conhecimento em razão da relação de advogado com seu cliente (art. 38, NCED[23]);

347. Alcança **procedimentos administrativos** (Inquérito Policial) e processos judiciais;

348. O Advogado **DEVE** resguardar o sigilo mesmo diante da autorização do cliente. As exceções são apenas aquelas trazidas pelo art. 37, NCED;

> **Atenção:** O advogado deve atender à intimação de comparecimento à audiência, no entanto, no momento em que for inquirido informará sobre seu **DEVER** de **SIGILO**.
>
> • *E se não comparecer à intimação de audiência?*
>
> Resposta: Se assim proceder o advogado estará sujeito à Condução Coercitiva, multa, crime de desobediência.

18.3. Prazo e conflito profissional

349. Não há prazo para que o advogado se abstenha de revelar segredo. O **PRAZO É ETERNO.** Únicas exceções são as previstas no art. 37, NCED.[24]

---

23. Arts. 25 a 27, Código de Ética e Disciplina OAB de 1995 (antigo Código de Ética)
24. Art. 25, Código de Ética e Disciplina OAB de 1995 (antigo Código de Ética)

350. Advogado poderá patrocinar causa contra ex-clientes desde que:

a) **Abstenção bienal**: decorridos 2 (dois) anos do fim do contrato (vide capítulo sobre mandato judicial e sua extinção)

b) **JAMAIS** poderá o advogado usar informações de que deteve conhecimento em razão do vínculo profissional (segredos), sob pena de **CENSURA**.

19. ESQUEMA DE REVISÃO

Na sequência, apresento a vocês um quadro com um esquema de revisão para os últimos dias que anteceder sua prova. É um quadro objetivo, destacando os temas mais importantes (com foco no que realmente é mais cobrado).

Para você não "perder" tempo na RETA FINAL lendo todos Textos (Regulamento Geral, Código de Ética, Estatuto da OAB, Provimentos etc.) esta perspectiva de abordagem ajudará muito, pois já indica onde consta relacionada determinada matéria

A leitura destas DICAS que dispomos aqui, atentando-se aos destaques do nosso EDITAL SISTEMATIZADO, a REALIZAÇÃO DE QUESTÕES (confira as obras da Editora FOCO) e a REVISÃO dos artigos e dispositivos indicados no esquema é o suficiente para garantirmos pelo menos 99% das questões de ética (não digo 100% pra não parecer tão pretencioso e reservar uma parcela de erro).

Eventuais dúvidas ou dicas utilize o canal das redes sociais @**savio_chalita** (Twitter), www.facebook.com/profsaviochalita ou mesmo o Blog *Como Passar Na OAB* (www.comopassarnaoab.com.br/blog). Através destes canais estaremos muito mais próximos e em constante diálogo rumo à aprovação no Exame de Ordem. Conte-me sua experiência!

Participe também do projeto **#PassandoComÉtica** e fique atento às revisões pelo *Twitter, Facebook e Periscope*.

Bons estudos!

	Artigos do EOAB	Artigos do RGOAB	Artigos do CED	Artigos do NCED	PROVIMENTOS CFOAB (n.)
OAB e seus órgãos	44 ao 62	44 ao 150			
Inscrição na OAB	8º a 14	20 a 36			129/2008; 144/2011; 156/2013
Do Advogado. Atividades Privativas da Advocacia e Mandato Judicial. Relações do advogado (cliente e autoridades). Advocacia *Pro bono*	1º a 5º	1º a 10	1º a 24	1º ao 34	91/2000
Prerrogativas dos Advogados	6º e 7º	15 a 19			127/2008; 08/1964; 135/2009
Sociedade de Advogados	15 a 17	37 a 43	15; 17; 29, §5º; 42; 50, IV, c; 65.	19; 22; 29; 44; 48; 52	112/2006; 126/2008
Advogado Empregado	18 a 21	11 a 14	23	25	
Honorários Advocatícios	22 a 26	14; 37 e 111	35 a 43	48 ao 54	
Incompatibilidades	4º; 27 a 30	8º			
Impedimentos	II	II			
Infração e Sanções Disciplinares	34 a 43				
Processo Disciplinar	68 a 77	120; 137-D; 138 a 144-A	51 a 61	55 ao 72	
Publicidade na Advocacia	33	39 a 47			94/2000
Sigilo Profissional e Esquema de Revisão	7º, XIX; 34, VII		18; 19; 25 a 27	20; 21; 35 a 38	